MINECRAFT
我的世界
建筑指南

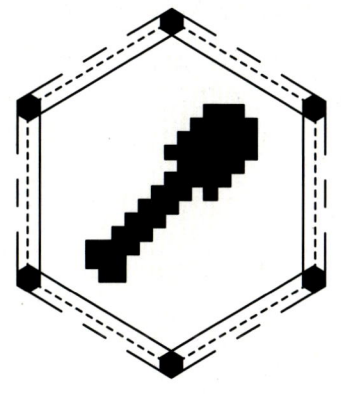

童趣出版有限公司编译　人民邮电出版社出版
北　京

图书在版编目（CIP）数据

我的世界. 建筑指南 / 瑞典魔赞公司著；童趣出版有限公司编译；李然译. — 北京：人民邮电出版社，2023.1
　ISBN 978-7-115-60039-4

　Ⅰ.①我… Ⅱ.①瑞… ②童… ③李… Ⅲ.①智力游戏—少儿读物 Ⅳ.①G898.2

中国版本图书馆CIP数据核字(2022)第168697号

著作权合同登记号 图字：01-2022-3684

　　本书中文简体字版由哈珀柯林斯出版有限公司授权童趣出版有限公司、人民邮电出版社出版发行。未经出版者书面许可，对本书的任何部分不得以任何方式或任何手段复制和传播。本书只限于中华人民共和国境内（香港、澳门、台湾地区除外）销售，任何在上述地区以外对本书的销售行为，均构成对权利人的权利侵犯行为，应承担相应法律责任。

Original English language edition first published in 2021 under the title Minecraft Creative Handbook by HarperCollins Publishers Limited, 1 London Bridge Street, London SE1 9GF, United Kingdom and 103 Westerhill Road, Bishopbriggs, Glasgow G64 2QT United Kingdom.
Copyright © 2021 Mojang AB. All Rights Reserved. Minecraft, the Minecraft logo and the Mojang Studios logo are the trademarks of the Microsoft group of companies.
Language translation © 2022 Mojang AB.
All information and stats are based on Minecraft: Bedrock Edition.

译　　　　：李　然　　　　责任编辑：刘佳娣
责任印制：李晓敏　　　　封面设计：林昕瑶
排版制作：北京胜杰文化发展有限公司

编　　译：童趣出版有限公司
出　　版：人民邮电出版社
地　　址：北京市丰台区成寿寺路 11 号邮电出版大厦（100164）
网　　址：www.childrenfun.com.cn

读者热线：010-81054177
经销电话：010-81054120

印　　刷：雅迪云印（天津）科技有限公司
开　　本：710×1000 1/16
印　　张：6
字　　数：80 千字
版　　次：2023 年 1 月第 1 版 2023 年 9 月第 4 次印刷
书　　号：ISBN 978-7-115-60039-4
定　　价：49.00 元

版权所有，侵权必究。如发现质量问题，请直接联系读者服务部：010-81054177。

目　　录

你好 …………………………………………………………………… 1

1　创意基础
什么是创造模式? ……………………………………………………… 4
最佳策略 ………………………………………………………………… 6
方块的种类 ……………………………………………………………… 8
了解你的方块 …………………………………………………………… 10
选择你的方块 …………………………………………………………… 12
大师创作谈：主题 ……………………………………………………… 14
亮度和光照 ……………………………………………………………… 16
生物群系和子生物群系 ………………………………………………… 22
地形改造 ………………………………………………………………… 26
创造模式中的命令 ……………………………………………………… 28

2　建筑工程
形状和结构 ……………………………………………………………… 32
室内装饰 ………………………………………………………………… 38
室外装饰 ………………………………………………………………… 42
大师创作谈：形状 ……………………………………………………… 46
组合建筑 ………………………………………………………………… 48

3　开始建造
阳光温室 ………………………………………………………………… 52
魔法森林小屋 …………………………………………………………… 56
珊瑚家园 ………………………………………………………………… 62
大师创作谈：技巧 ……………………………………………………… 70
未来派基地 ……………………………………………………………… 72
大师创作谈：灵感 ……………………………………………………… 80
中世纪庄园 ……………………………………………………………… 82
再见 ……………………………………………………………………… 91

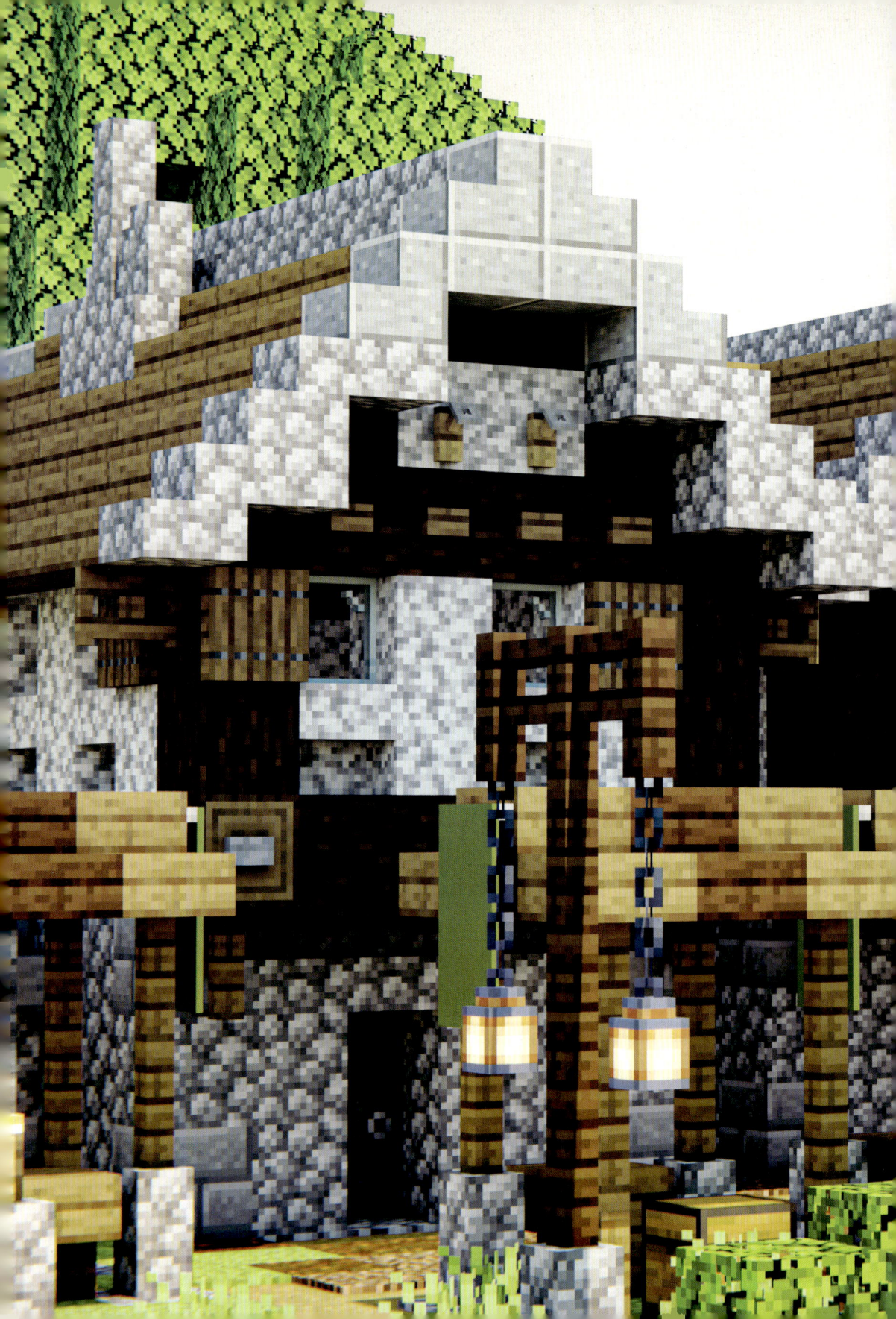

你好

欢迎打开《我的世界 建筑指南》!

《我的世界》广阔无际。在这里,你可以进行令人兴奋的冒险,可以创造令人惊叹的奇迹,还可以和朋友闲逛嬉戏。我们甚至专门开发了一种游戏模式,只为让你的想象力自由驰骋!

在创造的过程中,不论是学习新技术还是寻找灵感,任何人都时不时需要点儿帮助。所以,我们在这本书里加入了忠告、建议和妙招儿。

不论你是刚开始玩这个游戏的新手,还是想寻求新挑战的老玩家,这本书里都有值得学习的东西,能帮助你成为理想的建筑师。

这本指南分为3个章节。第一章介绍创造模式,并带你认识建筑的基本要素;第二章,我们会研究各种各样的建造技术,以及如何把方块组合起来,打造出特色;最后一章,我们会跟着详细的建造步骤,应用学到的建造技巧。

让我们开始创造吧!

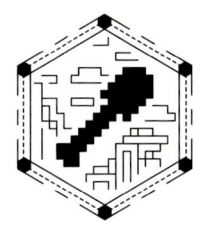

创意基础

　　《我的世界》是一款沙盒游戏，在游戏里你几乎可以做任何事情。刚踏进主世界的你可能会望而却步，所以你需要花点儿时间熟悉一下这款游戏。在这本书里，你会学到入门所需的知识——从常见的建筑方块到建造你的第一栋建筑的实用技巧。

　　我们开始吧！

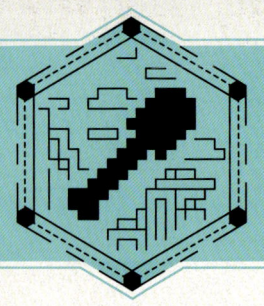

什么是创造模式?

为什么要玩创造模式?

1 自由飞翔
创造模式给予你飞行的能力。你可以双击跳跃键起飞,然后使用跳跃键或潜行键进行升降。

2 瞬间开采
点一下就可以破坏任何方块——即使是坚不可摧的方块也可以。瞬间开采非常节省时间,能让你快速进行创造。

3 被动生物
敌对生物在创造模式中都是被动的,所以你不需要避开它们,也不用担心令人讨厌的苦力怕毁掉你的作品。

4 不会饥饿
没有生命值,也没有饥饿值,这意味着你不用费心找东西吃或者找地方睡觉。

创造模式是《我的世界》三大游戏模式之一。在创造模式中,方块和物品是无限供应的,玩家可以自由建造,还可以批量修改方块。这种模式去掉了生存模式中的一些特性,比如饥饿和受伤,这样你就能享受无限的创造乐趣。

创造模式物品栏
创造模式物品栏提供了游戏中所有的方块,而且方块的数量是无限的,玩家可以使用搜索栏查找特定的方块或者通过9个分类选项卡来快速筛选。

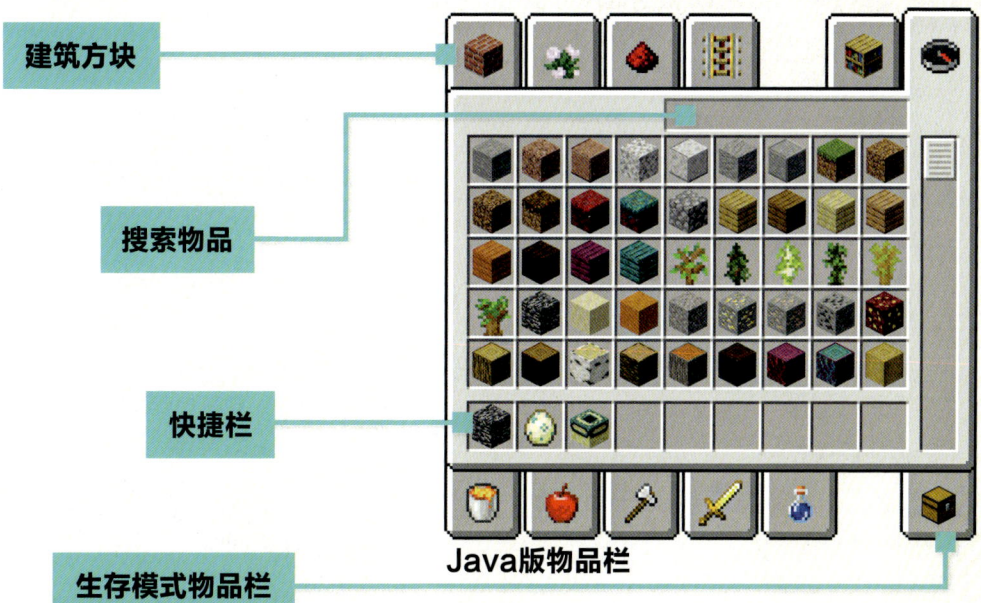

- 建筑方块
- 搜索物品
- 快捷栏
- 生存模式物品栏

Java版物品栏

创造模式独有的内容
有一些方块是创造模式中独有的,在生存模式中想做出这些方块是不可能的!这些方块包括刷怪蛋、末地传送门框架等。

刷怪蛋
使用这些蛋来生成你想要的任何生物!

末地传送门框架
创造出属于你自己的通往末地的门。

最佳策略

> **开始吧**
> 选择建造什么样的建筑有时很困难,因为创意是无限的。把建造过程分成这些简单的步骤,你很快就会熟练起来!

第一步:计划

 +  +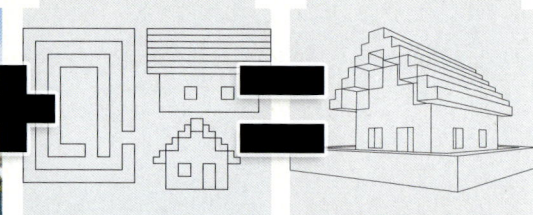

| 选出你想建造的建筑。 | 决定你要在哪里建造。 | 为你的建筑画个草图。 | 建筑的简图。 |

第二步:结构

 +  +  =

做出你的建筑轮廓。 建造地基。 给这个建筑加上特色。 建筑的外部结构。

第三步:装饰

 +  +  =

给建筑内部加上照明设备。 创造一些独特的家具。 加上火把作为装饰。 建筑完成。

成为一名专业的建筑师并不是一蹴而就的,这需要练习、耐心和计划。把你的建筑工程拆分成简单、容易遵循的步骤,会让你的创意更容易实现。遵循以下这些建议开始建造吧。慢慢来,享受建造的乐趣!

新手建议

犯错,然后重新开始,是游戏中很正常的事情——杰作需要时间!以下是一些新手建议,帮你更好地迈出建造第一步。

把你的建筑工程做成可控的大小。开始先建造小建筑,然后再建造更大的建筑。

简单的是最好的!一组颜色不同的3个方块看起来就很棒。

坚持你最初的想法,不要在建造到一半的时候改变主意。

备份!

如果你有一个想法,但是不确定它是否可行,创建一个存档备份,这样如果犯错了,你还可以重新开始。进入主菜单,选择世界,找到"备份"选项。

TNT看上去很吸引人,不过要尽量抵抗它的诱惑。这是让你的建筑工程前功尽弃的最快方法——虽然也是最有意思的。

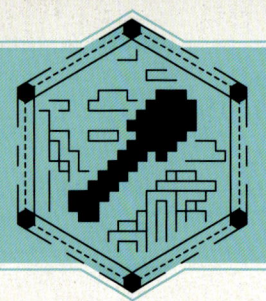

方块的种类

核心方块
核心方块是《我的世界》里最常见的方块,也是最主要的建造方块。核心方块有以下3种。

基础方块
这些是可供选择的最简单的方块。它们是天然生成的,可以在《我的世界》各种生物群系中找到。

精炼方块
很多基础方块可以被精炼成相似的变种,比如錾制方块、平滑方块和苔石方块等。精炼方块和基础方块的作用一样,但是纹理不同。

特殊形状的方块
基础方块和精炼方块可以被制作成特殊形状的方块,比如楼梯、台阶和墙等。这些形状是用来给建筑增加细节的。

在《我的世界》中有800多种独特的方块,从木板、石砖到铜楼梯和红石中继器应有尽有,全部供你选择!让我们看看不同的方块类型吧。

特殊方块

除了核心方块外,游戏中还有很多特殊功能的方块。它们可以分为以下3类。

互动方块

互动方块被激活后会执行一个动作。每个互动方块都有独特的功能,比如门会开关,活塞会推拉。在游戏中放置这些方块,了解它们的更多功能吧。

红石方块

红石方块是用来搭建电路、制作机械装置的。每个红石方块都有特殊的功能,它们可以用来创造独特的建筑。红石电路是富有挑战性的,所以在开始搭建自己的电路之前,你先简单测试一下这些方块吧。

触发方块

触发方块会激活互动方块和红石方块,因此可以控制红石机械装置。触发方块在激活照明设备和门之类的方块时非常有用。常见的触发方块是拉杆和按钮。

了解你的方块

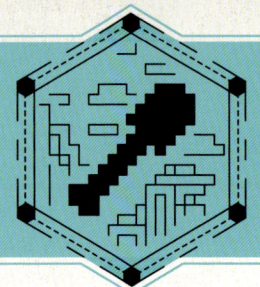

古埃及

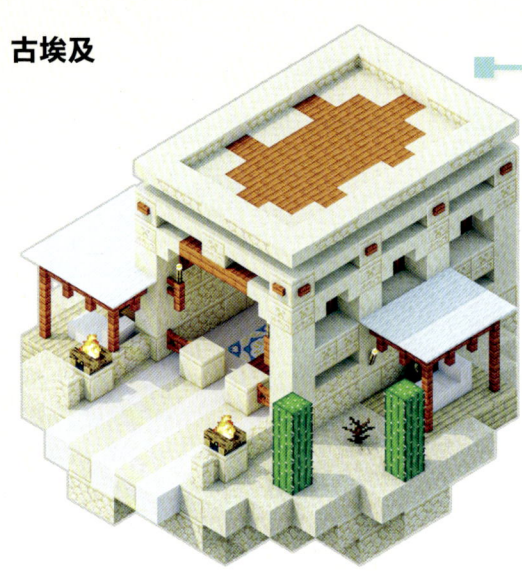

- 砂岩
- 白色羊毛
- 平滑石英块
- 带釉陶瓦
- 金合欢木栅栏

- 丛林木板
- 深色橡木台阶
- 营火
- 云杉木活板门
- 云杉木板

狂野西部

下界主题

- 磨制玄武岩
- 磨制黑石
- 岩浆块
- 下界岩
- 垂泪藤

设置主题是让你的建筑脱颖而出的极佳方式。把选好的方块认真组合起来，你就可以创造出个性化的主题。如果你正在寻找灵感，看看下面的主题吧。这些主题都集中使用了5种方块来达到理想的效果。

蒸汽朋克

- 暗海晶石
- 云杉木板
- 石砖
- 白色混凝土
- 云杉木

林地

- 橡木楼梯
- 橡木活板门
- 苔石
- 圆石
- 云杉树

工业风

- 铁质方块
- 铁轨
- 磨制安山岩台阶
- 石砖
- 安山岩

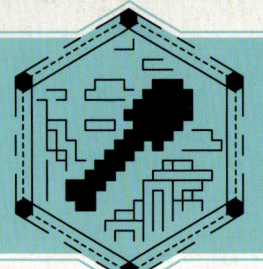

选择你的方块

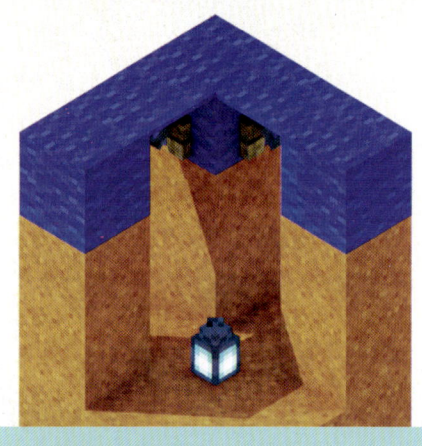

相似色
最简单的方法就是用颜色表上两三个相近颜色的方块,这些方块的颜色可以是略有不同的同色系。这就是所谓的相似色方案。

互补色
选择正好相反的颜色,这种颜色方案对比鲜明,但看起来仍然协调。这种颜色方案被称为互补色方案。

为你的主题选择合适的方块是一种技能，你选择的方块会确定你的建筑外观和特点。在开始一个新的建筑工程之前，花点儿时间选择契合你的主题的基本方块。看看下面的颜色方案再开始吧！

彩色
对于更大的建筑，人们通常用好几种颜色来彰显其特色。选择几种方块，它们的颜色应该在色彩表上以同等间隔排列。这会赋予你的建筑更多的变化，让它更有吸引力。

纹理变化
最后，你可以在任何颜色方案中加入变种方块。只需要决定颜色方案，就可以加上多种多样的纹理方块。纹理变化可以有效避免建筑千篇一律。

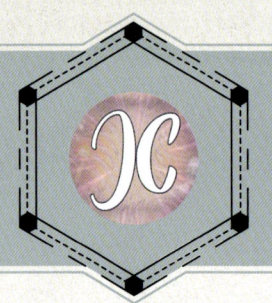

大师创作谈：主题

"当我想到精灵族的建筑时，我记起传说中提到的他们与自然的联系。我认为，精灵族以他们永不过时的工艺而自豪。"

"我想让这个建筑特别一点儿，所以我决定创造一个现代的精灵之家。我避免使用任何木质方块，反而尽量使用圆石、黏土块、混凝土和羊毛，这样可以表现出大自然流动的美。"

"我先用圆石把建筑的框架建好，然后使用不同种类的颜色鲜艳的方块把缺口都填上，再将楼梯和台阶组合起来添上最后的细节，加一些灵魂灯笼和锁链营造出奇幻的感觉。"

"结合天然地形、植被或人工林，这种石头的设计风格可以让建筑自然地与周围的环境融为一体。"

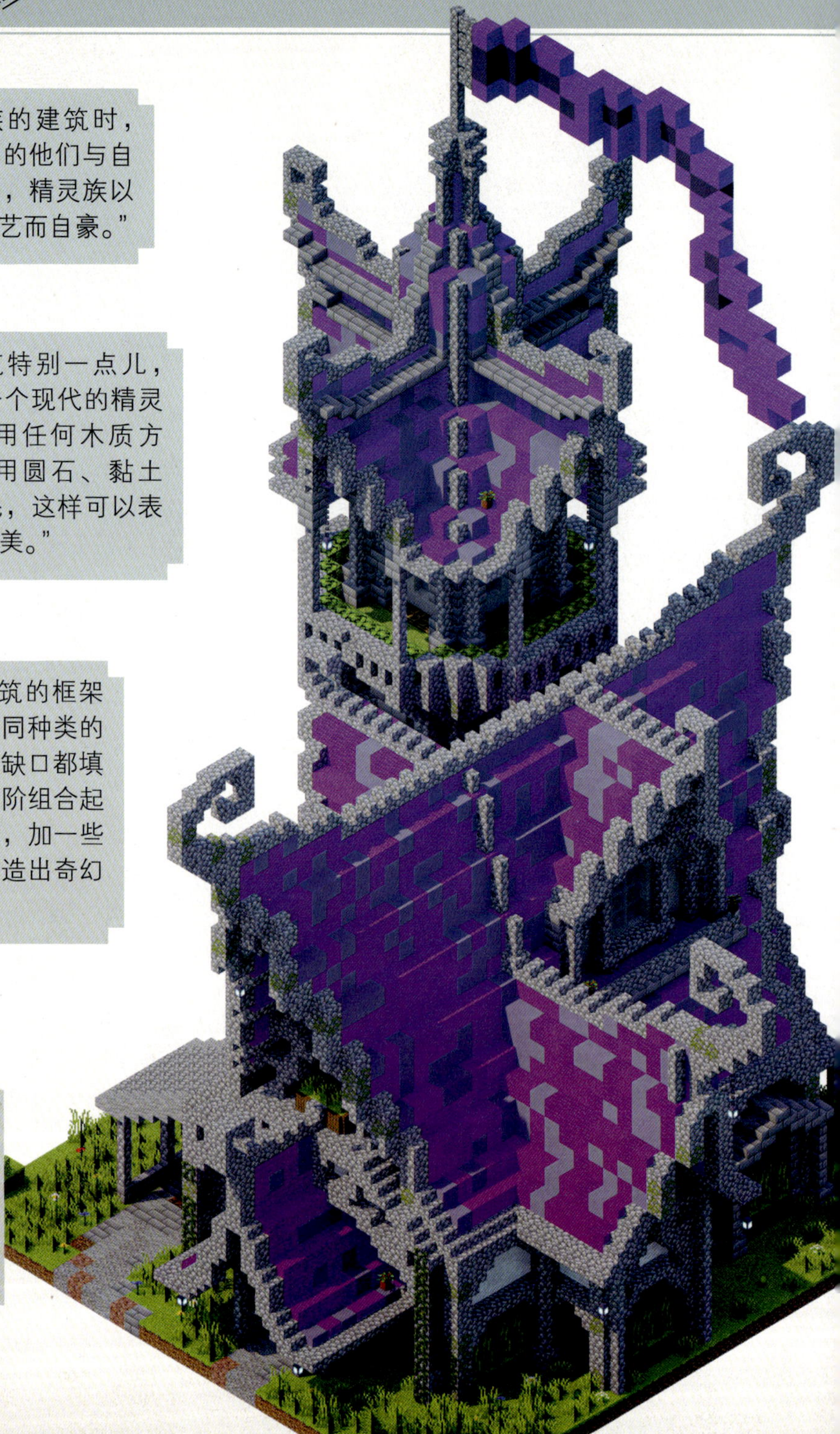

大师级建筑师Jeracraft的主题建筑在网络上给大量粉丝留下了深刻印象,我们让他谈谈他的创作过程。Jeracraft分享了他的现代精灵建筑,他说这个建筑的灵感来自"大自然中蕴藏的精巧而流动的美"。

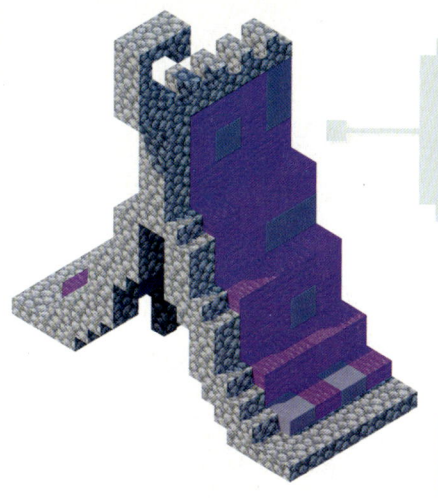

在屋顶上使用楼梯方块,可以让人觉得建筑的石造部分凹凸不平,很自然。

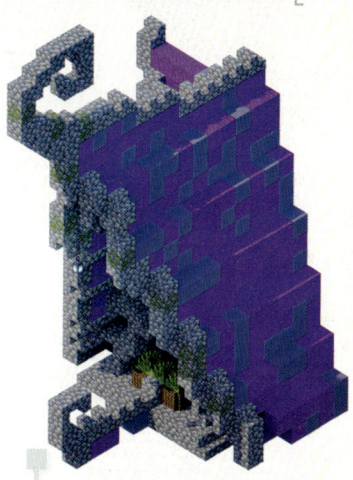

这个现代的房子虽然出自荒野,却很适合大都市的环境。屋顶和拱形结构设计精美、线条流畅,它们让建筑有了精灵族的风格。

虽然这是一个现代的精灵之家,但是仍然需要保留自然的感觉。仔细观察,你就会看到建筑里到处都是植物和苔石。

这个建筑主要使用了5种方块,墙壁和屋顶也使用了一些方块变种。

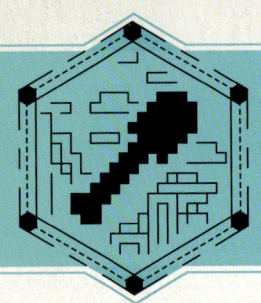

亮度和光照

光照等级
《我的世界》中有各种各样的光源，它们发出强度不同的光照，可以划分为15个等级。光照会为你的建筑增光添彩。8级以上的光照可以防止大多数怪物生成，所以合理使用光照是很重要的。

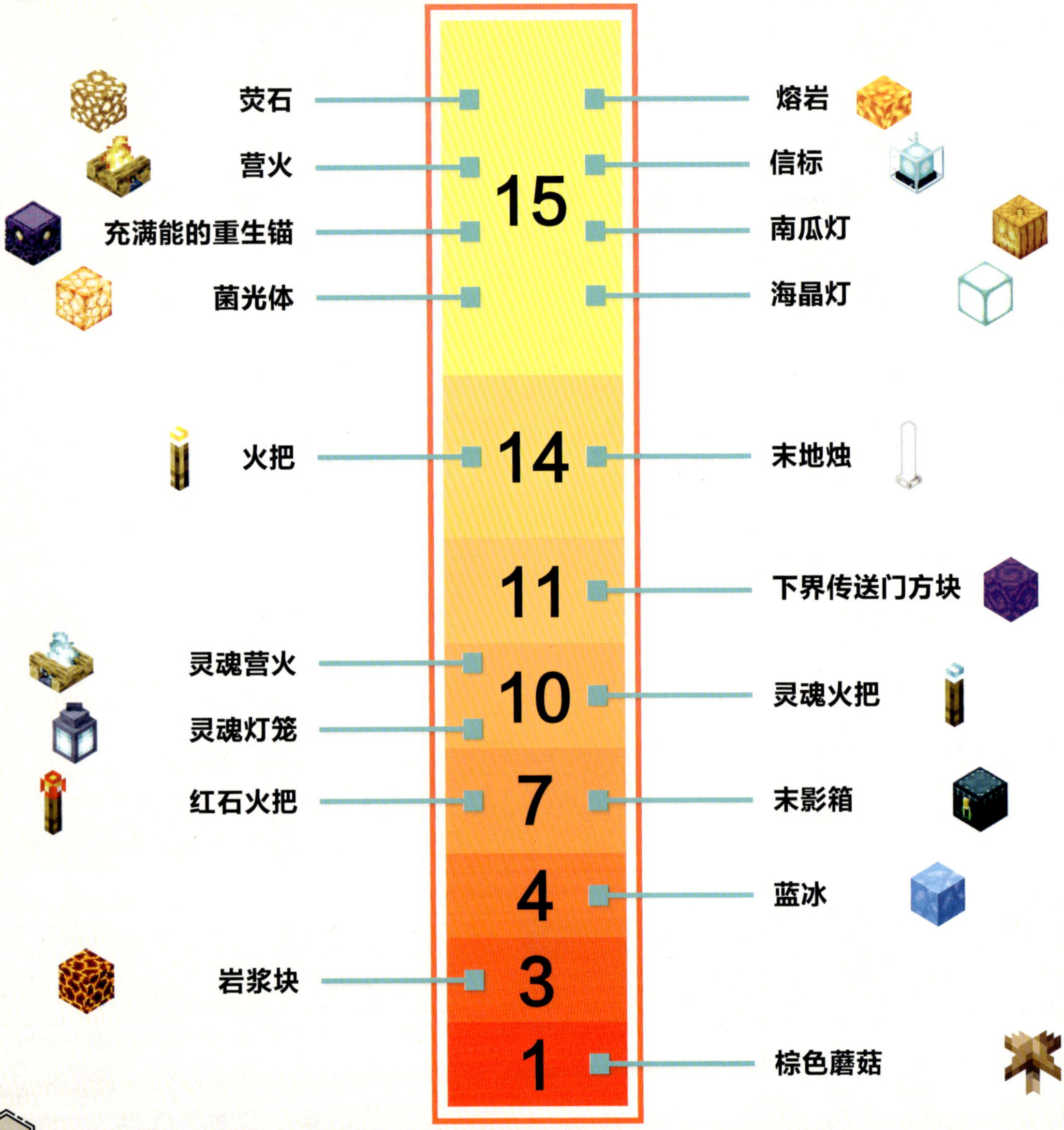

左侧光源	等级	右侧光源
荧石	15	熔岩
营火		信标
充满能的重生锚		南瓜灯
菌光体		海晶灯
火把	14	末地烛
	11	下界传送门方块
灵魂营火	10	灵魂火把
灵魂灯笼		
红石火把	7	末影箱
	4	蓝冰
岩浆块	3	
	1	棕色蘑菇

光照是所有建筑工程中必不可少的要素，它甚至可以决定建筑是平淡无奇的还是富丽堂皇的。在《我的世界》中，如何活用光照是最重要的学习内容之一，因此我们提供了你需要掌握的所有要点，帮助你快速上手。

光照效果
《我的世界》中有很多方法可以做出光照。达到合适的光照效果有一定难度，以下是帮助你入门的一些建议。

柔和的光照

有些光源不需要暴露在外，它们发出的光会透过地毯、旗帜和画。使用这种小技巧，用藏在墙壁和地板里的灯照亮你的基地吧。

变化的颜色

不同的光源发出的光颜色不同，比如火把和灵魂火把。想给建筑增加特色，使用不同种类的光源是一种简单又有效的方法。

阳光探测器

有一些建筑白天看起来很棒，只需要额外加点儿夜晚的光源。阳光探测器会在晚上自动照亮你的基地，这样它看起来就一直是你喜欢的样子了。

水下光照

使用不同等级的光照会起到意想不到的效果。海泡菜是极好的水下光源——放置的海泡菜越多，亮度越高（最多4个）。

亮度和光照：建筑内部

渲染气氛
与房间相得益彰的室内光照可以产生令人惊叹的效果。有无数方法可以创造性地使用光源：一开始可以先选择一个发光的方块，然后思考如何将它变成你的建筑的一个亮点。

烛台
火把是最简单的照明设备，而且它们的功能非常多。火把、地毯和橡木木板组成的一个烛台照亮了这个图书馆。

水族箱
水下照明设备可以做得特别好看，但是安装它们并不容易。这个水族箱给海泡菜提供了茁壮生长的环境。

壁炉
把下界岩、铁栏杆和砖块组合起来，做一个壁炉。下界岩被点燃后会永久燃烧。

染色玻璃窗
用染色玻璃给透过窗户的阳光染上颜色。你有16个变种可以选择。

壁式烛台
这种照明设备深受粉丝喜爱。使用一个物品展示框、一个台阶和一个火把,按照上述顺序放置它们,一个中世纪风格的壁式烛台就做好了。

枝形吊灯
在栅栏结构上加上末地烛,这样一个精致的枝形吊灯就做好了。

防火墙
用玻璃板和石头方块把熔岩封闭起来,做一堵熔岩墙。避免使用木质方块,不然它们会着火烧毁。

聚光灯
荧石的光照等级是15,它是你能拥有的最高等级的光源。它非常适合作为聚光灯来展示你最酷的设备,不管是有趣的旗帜还是附魔的装备。

亮度和光照：建筑外部

户外空间
照亮大片的户外空间是很难的事情——太多相同的光源看起来单调乏味，但是亮度不够的话，怪物则会开始生成。有很多方法可以把户外空间照亮。选择一个光源，看看你能创造出什么东西。

灯杆
这个灯杆上有一个隐藏的南瓜灯，它可以提供光照。光照等级请查阅第16页。

烹饪用的炼药锅
建一堆营火，并在上面放一个炼药锅作为你的烹饪锅。为什么不加上木质长凳，并建一个野营地呢？

烽火台
烽火台非常适合照亮大片的户外空间，因为它们可以被放在任何需要额外增加照明的地方。

荧光尖塔
末地烛是不容忽视的光源。这些发荧光的末地烛非常适合现代建筑，比如这个尖塔。

一小块南瓜地
这些吓人的南瓜灯是完美的柔和光源。它们亮度适中，把它们面对着墙壁放，可以作为隐藏光源。

闹鬼的树
这棵闹鬼的树巨大，它的树枝上有灵魂火把，所以整棵树散发着蓝光。想让它更昏暗或更明亮一些，你可以添加任意数量的火把。

缥缈的池塘
这个神秘的池塘因为使用了海晶灯而闪烁着微光。这些海晶灯非常适合用来给建筑添加一些梦幻的感觉。

吊篮灯
南瓜灯这种光照方块简直是万能的。这个吊篮灯的光照等级是15，而且即使是最小的角落和缝隙里都可以放得下。

生物群系和子生物群系

生物群系和子生物群系
每个生物群系都包括特征不同的子生物群系。你有超过60种不同的子生物群系可以选择！探索你周围的区域，或者执行定位命令，来寻找所有的生物群系和它们的变种。

冰屋堡垒

白雪覆盖的冻原
明亮的白雪和极少的野生生物让白雪覆盖的生物群系非常适合建造冰封建筑。

子生物群系：
雪山

村庄

平原
这个平坦的、长满草的生物群系有大面积的空地和水资源，非常适合农庄之类的大型开阔建筑。

子生物群系：
向日葵平原

选择在哪里建造和建筑工程本身一样重要。主世界、下界和末地里都有很多独特的生物群系。你可以自由选择最符合你建筑构思的生物群系。快去创造模式中，四处看看你能发现哪些生物群系吧。

树梢毒蘑菇塔

黑森林
浓密的树冠和巨大的蘑菇让这个生物群系充满自然的野性，非常适合建造童话式的建筑。

阴森恐怖的女巫塔

沼泽
有浑水和睡莲的浅水沼泽非常适合建造与死亡有关的、阴森恐怖的建筑。

生物群系和子生物群系

潜水平台

海洋
海洋生物群系是建造漂浮房屋，甚至是水下建筑的理想之地。

子生物群系：
暖水海洋

边防城堡

诡异森林
这个深青绿色的下界生物群系中有大量的小海湾和躲藏处，非常适合建造奇幻风格的建筑。

玄武岩三角洲
这个荒凉的下界生物群系是混乱的、崎岖的，非常适合建造遗迹和破败的建筑。

破旧的地牢

末地
黑曜石柱、末地石和黑色的天空让这个阴冷的地方非常适合建造废墟建筑。

子生物群系：
末地小型岛屿

无人居住的废弃棚屋

地形改造

给新手的地形改造建议

地形改造没有什么规则。每个人都可以按自己的方式去做，而且你做的任何改变都可以算作地形改造。话虽如此，这儿有一些建议可以帮助你入门。

1 找一个地点
搜寻周围区域，找一个符合你要求的生物群系。如果已有的生物群系有你喜欢的特征，比如一座山或者一个生成好的结构，那你可以直接使用它们，以节省大量改造时间。

2 选一个主题
选择对主题有帮助的方块和建造地点。可以是其他方块，也可以是那些在生物群系中已经存在的方块。使用现有方块的变种是增加特色的一个好方法。

3 从简单的开始
从一个较小的实验区域开始：去掉你不想要的方块，放一些你需要的方块。设法重建一些自然景观，比如河流和田地，来检验一下你的能力。

改造以前

如果你找不到合适的生物群系，那么可以考虑一下改造现有的地形。如果你曾经在山坡上挖出过一个山洞或者清理出了一片树林，那你已经尝试过地形改造了。地形改造是主动改变自然地貌的过程。对于建筑师来说，这是一项重要技能。

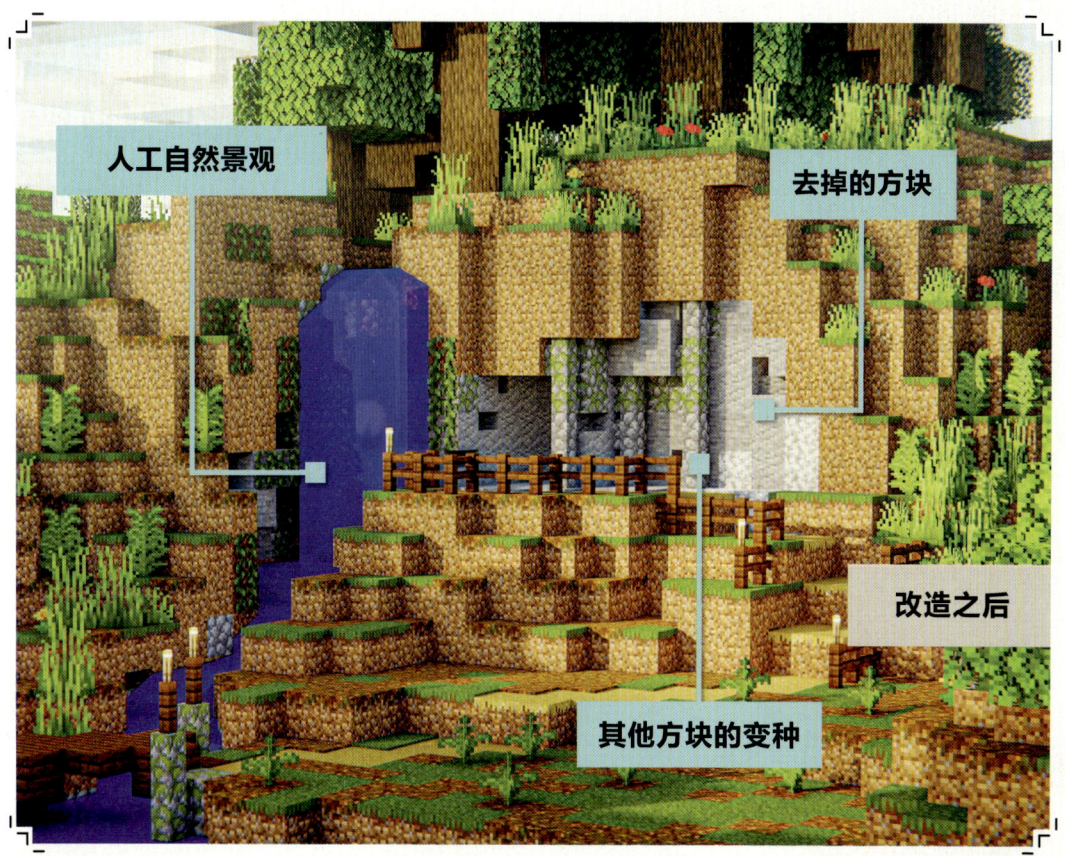

人工自然景观

去掉的方块

改造之后

其他方块的变种

4 从远处看

一旦你的实验区域完成了，花点儿时间从远处看看你的作品。它看起来和你想象的一样吗？你应该重新选择方块吗？花点儿时间确保作品是你想要的那样——这是很必要的。

5 完成你的作品

当你对实验区域满意了，就可以把你的作品拓宽到你需要的区域大小了。慢慢建造，有条不紊地进行，还要记得时不时检查你的作品，确保达到了你想要的效果。

建议

在《我的世界》中，你改造什么并没有限制。大多数玩家会专注于小建筑，有些人会改造得更彻底，创造出整个生物群系。你可以改造你周围的所有东西。

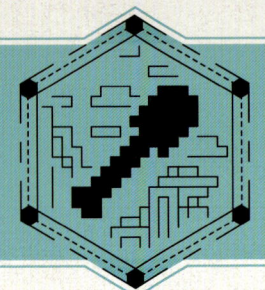

创造模式中的命令

激活作弊：打开
要激活命令，在创建新世界以后把"允许作弊"选项打开。在已经存在的世界里，可以从主菜单选择"开启局域网"，然后点击"激活作弊"。

定位
定位命令会为你显示指定结构的最近坐标。

/locate village

定位生物群系
定位生物群系的命令会为你显示生物群系的最近坐标。

/locatebiome minecraft:beach

传送
传送命令会把你传送到任何指定的坐标，经常和定位命令一起使用。

/tp player 10 10 10

时间
你可以控制时间。如果你偏好在白天建造，可以使用这个命令。

/time set day

天气
你还可以控制天气。如果你想看到你的建筑在雨中的样子，可以使用这个命令。

/weather rain

在创造模式中，你可以使用命令。在你开始建造一个新建筑的时候，这些命令非常有用，而且适当使用它们可以节省很多时间。它们是如此有用，以至于在生存模式中使用时会被算作作弊。

游戏模式
想要在其他模式中测试你的建筑？你可以使用这个命令。

/gamemode
creative

物品栏
使用游戏规则命令可以更改很多游戏规则，比如保留物品栏。

/gamerule
keepinventory true

恶意破坏
担心你的作品被会爆炸的苦力怕或者偷方块的末影人毁掉？想改变设置，你可以使用这个命令。

/gamerule
mobgriefing false

种子
如果你发现了一个喜欢的世界，想重建它，可以使用这个命令。

/seed

命令
需要完整列出可用的命令时，你可以使用这个命令。

/help

建筑工程

既然你熟悉了方块和生物群系,是时候看看该如何使用它们了。在这个由方块构成的世界里,学会辨识建筑上的各种形状会让你很快成长为一名建筑专家。但是建筑并不仅仅是形状的组合!专业建筑师也是卓越的装潢设计师。让我们看看这些形状和装饰吧!

形状和结构

形状
对于很多建筑来说，简单就是关键。了解基本的形状，知道如何把它们拼在一起，会让你有能力创造出任何东西。让我们看看有哪些基本形状吧。

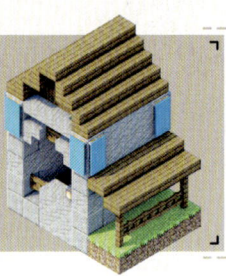

三棱柱
三棱柱可以用来建造屋顶、墙壁甚至是地基。这种倾斜的角度给建筑增加了特色和复杂性。

长方体
长方体很容易建造，所以它们是最常用的形状。它们经常被用于暂住地和简单的建筑物。

金字塔
金字塔是标志性的建筑形状。它们是屋顶的理想选择，甚至金字塔本身就可以作为一种建筑物。

《我的世界》中的每个建筑，不管多壮观或多复杂，都可以被简化成基础的形状。当建造一个新建筑的时候，先试试把它分解成关键的几部分后再开始。了解不同形状是如何组合在一起的，有助于你分析任何建筑。

球形

虽然不可能在《我的世界》中创造出一个完美的圆形，但是你可以创造出类似的形状。球形是由一连串的圆形做成的。在这个充满方块的世界里，它们深受玩家喜爱。

圆柱体

圆柱体是圆形的拓展。这个形状比一般的长方体更有特色、更复杂，它既可以竖着放，也可以横着放。

长方体

说明：长方体
长方体是最基本的形状。长方体建筑是任何包括四面墙的正方或者长方结构。新手做的第一个建筑通常采用长方体结构。长方体可大可小，随你喜欢。

长方体
长方体有6个面：2个与地面平行的面，4个垂直于地面的面。

金字塔

说明：金字塔
金字塔是《我的世界》中十分流行的建筑。它们通常由4个三角形的面和底部的正方形地基组成。金字塔是用途极广的建筑，而且它们的三角形给建筑增加了特色。

三角形
金字塔是由三角形组成的。要想建造三角形，在从地基向上建造的时候，你要去掉每一层两边的一个方块。

正方形地基
这个地基决定了金字塔的大小和形状。

斜坡
为了实现金字塔的斜坡，你需要把方块按照楼梯形放置，每一层都把方块放得更接近中心。

三棱柱

说明：三棱柱
作为基本形状，三棱柱和金字塔一样受欢迎。延伸的三角形既可以作为屋顶，也可以作为建筑物，如帐篷或谷仓。

三角形的底面
三棱柱的两个底面是三角形。要创建一个三角形，你只需要在从底边向上建造的时候，去掉每一层两边的一个方块。

楼梯形的侧面
这些侧面被建成了楼梯的样子，在向上建造每一层的时候，你都要向中间挪1格。

长方形地基
三棱柱一般是被放在长方形地基上的。你想做成多长都可以，但它的高度是由宽度决定的。

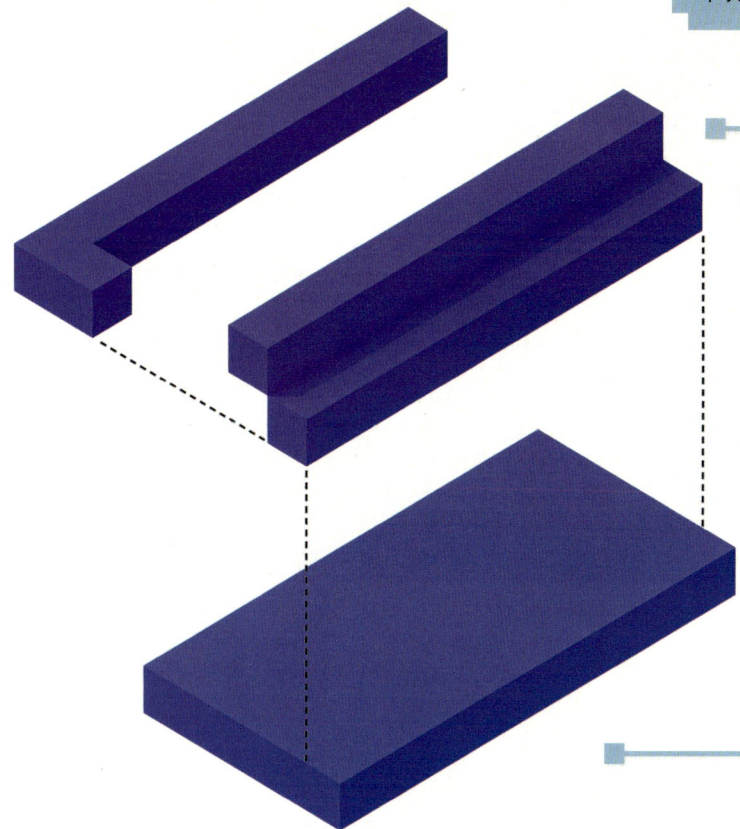

这些都是可以选择的形状！

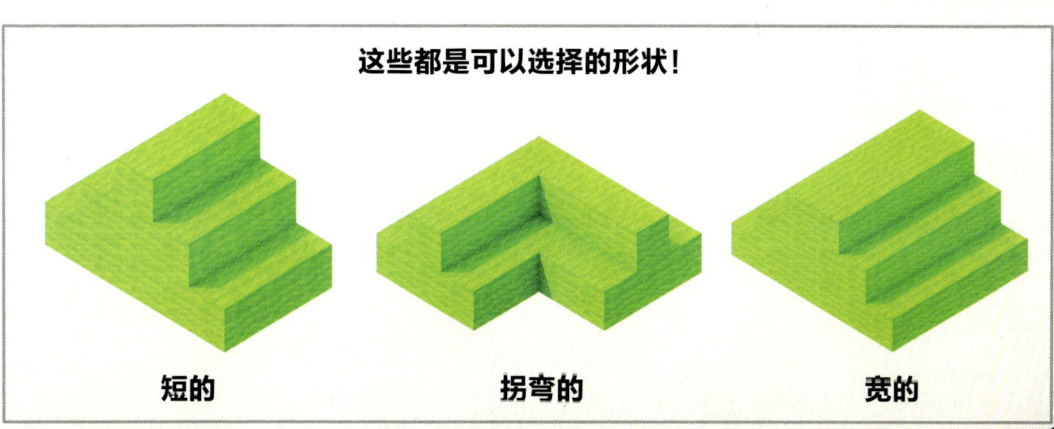

短的　　　　　拐弯的　　　　　宽的

球形

说明：球形
在《我的世界》中，球形看上去是建造起来最有挑战性的形状——但是实际并非如此。球形本质上是一连串大小不一的圆形贴在了一起。遵循以下步骤建造你的第一个球形吧。

更小的圆
现在建造4个圆，每个圆的直径分别为9格、9格、7格、5格。

更大的圆
再建造3个圆，每个圆的直径分别为7格、9格、9格。

另一个圆
再建造一个直径为9格的圆。

第一个圆形
首先建造一个直径为5格的圆形。

这些都是可以选择的形状！

大的

小的

半球体

椭圆体

圆柱体

说明：圆柱体
圆柱体是《我的世界》里的一个主要结构。它们是长方体和球形的结合体，这个形状很适合建造宽敞精致的建筑。

圆形地基
首先，做出一个直径为7格的圆形地基。你可以增加或者减少方块来建造更小或更大的圆柱体。

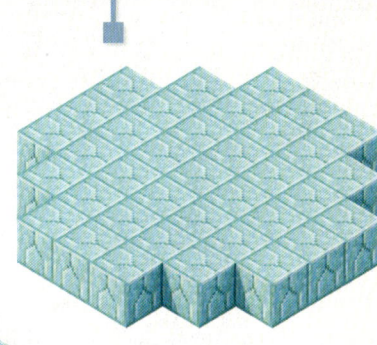

圆形墙
按照地基的轮廓，扩展墙壁的高度。你也可以将其建造的与圆形地基的直径不同。例如，直径为7格的地基，墙壁为8格高。

横向或纵向
圆柱可以竖着建造，也可以横向建造。要建造横向的圆柱，遵从本页的操作指南，从建造水平地基开始吧。

这些都是可以选择的形状！

纵向的

横向的

室内装饰

餐椅
使用活板门和楼梯方块来创造餐椅。旗帜可以作为靠垫。

活塞桌子
激活的活塞在构成桌腿的红石火把上推出。活塞桌子非常适合放在餐厅里。

楼梯
螺旋式的楼梯能节省空间，看起来很不错。

壁炉
壁炉可以加上大量的细节。将壁炉装饰一下，并配上铁栏杆。

当你完成建筑后,就该进行装饰了!游戏中有很多装饰方块可以选择,但是你也可以把方块组合起来形成自己的特色。从你身边的世界汲取灵感,看看你能创造出什么样的家具。

淋浴间
玻璃板和海晶石非常适合建造淋浴间。在头顶放一个隐藏的水源,这样会有滴水的效果。

浴缸
准备好泡个热水澡了吗?在浴缸里等着夜晚结束也很不错。

洗脸池
炼药锅可以兼做洗脸池。白色的末地烛会发光,它们是浴室的理想光源。

室内装饰

窗户
确保将玻璃窗户用在你的建筑上,这样可以充分利用阳光。旗帜做的窗帘会让你的基地看起来更加完整,窗台是摆放盆栽的最佳位置。

客厅区域
气派的客厅不能没有沙发!你可以用楼梯做沙发,用台阶做咖啡桌。

架子
使用架子是把墙面装满的好方法。你可以放置植物、箱子或者任何你喜欢的物品,方便取用。

室内装饰

厨房
炼药锅可以用于制作洗手池。

餐桌
有时候你只需要一套简单的桌椅。这个桌子是用台阶和地毯做成的，椅子是用楼梯和告示牌做的。

大型家用电器
虽然你不用担心食物会变质，但是你仍然可以为你的零食加一个定制冰箱！

祝你好胃口
钟声可以传到很远的地方——非常适合召集你的朋友们一起吃饭。

室外装饰

花盆
这个窗台上的花盆是用泥土和活板门做的。虞美人和郁金香会给你的生活点缀色彩。

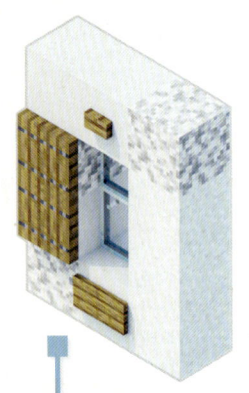

百叶窗
百叶窗可以加到任何窗户上。活板门非常适合做成百叶窗，因为它们可以被放在大部分的平面上。

屋顶
做一个精美的屋顶是有挑战性的。加一些按钮和告示牌之类的小细节是个不错的开始。

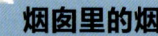

烟囱里的烟
袅袅炊烟是生活的气息。这个烟囱使用蜘蛛网做出了一直冒烟的样子。

只有室外和室内都装饰好了，建筑才是完整的！你有无数种方法可以装饰建筑外部，比如户外家具和灌木丛。发挥你的想象力，选择符合你的主题的装饰。你会建造什么？

变种
千篇一律的墙壁看起来很沉闷。你可以使用一些方块变种，让墙壁更有特色。

棚架
棚架可以用于填充大片空地。它们也可以用来增加光照和放置绿色植物。

独特的装饰风格
为什么不在墙上添加一些奇怪的亮点，比如这个球和锁链呢？它们可能不实用，但是看起来确实不错。

阳台
多建造一些户外区域。这个阳台非常适合沙漠生物群系。

室外装饰

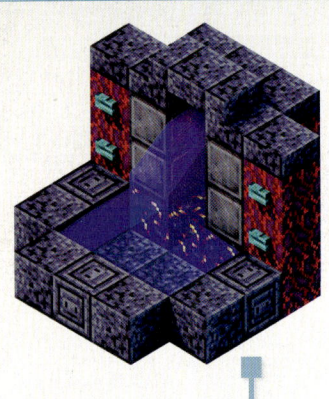

桥梁
桥梁建起来方便又快捷,也是极佳的户外装饰。

水池
在远离河流和海洋的地方,水池是很有必要的。挨着放3个水源,这个水池就可以无尽地供应水了。

下界花盆
把下界的绯红色调和诡异蓝色调组合起来,创造出极具氛围感的装饰,就像这个花盆一样。

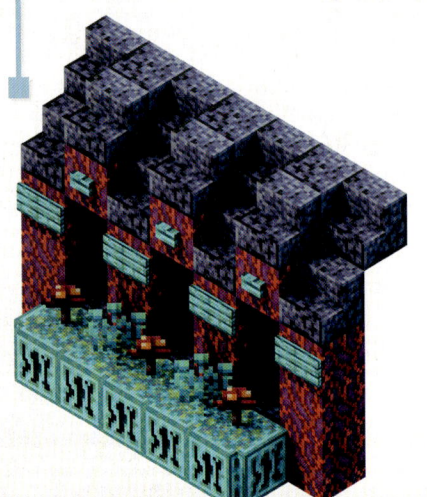

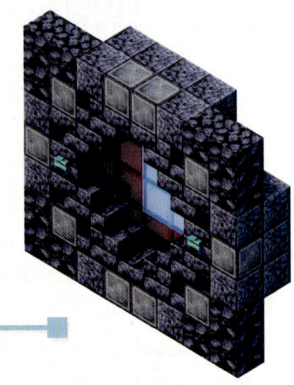

染色玻璃
考虑一下在你的主题建筑中使用染色玻璃。这个建筑使用了灰色玻璃,它的灵感来自下界。

室外装饰

宽敞的过道
一栋令人印象深刻的建筑应该有一个经过仔细修砌的过道。这个错落有致的过道设计简单,但却漂亮、雅致。

起重机
虽然这个起重机不能运行,但是像这样的小细节可以让你的建筑脱颖而出。

盆栽拱门
试试用一些拱门代替完整的墙壁。拱门让空间更宽敞,而且你还可以多加一些绿色植物来装饰你的建筑。

大师创作谈：形状

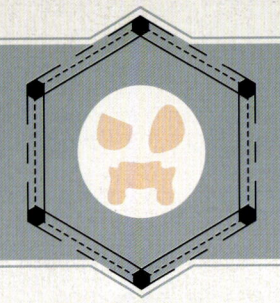

"只要我开始建造一个新建筑，我都会从一个基础形状开始，然后再慢慢增加其他东西。这个精美的古罗马式庙宇由4个形状组成：入口是长方形的，庙宇的主体是圆形的，庙宇的房间是正方形的，还有一个穹顶！"

"要想创造更高级的建筑，可以试试从建造这些形状的轮廓开始。然后试验、犯错，次数多了，你想要的最终建筑就能实现。"

"不要小看小细节！给你的建筑加一些小细节能让你的建筑看上去更真实。我用炼药锅之类的方块创造出了一些特别的、有特定主题的建筑。"

即使是最复杂的建筑,比如这座精美的古罗马式庙宇,也是从零开始建造的。将基本形状扩建成高级的作品可能有点儿棘手。幸运的是,大师级建筑师Wattles在这里给你分享了一些小妙招儿。

"炼药锅看起来很酷。从天花板上挂一些锁链,把炼药锅放在正下方,这样一个悬挂的桶就做好了。"

"营火是增加光照的好方法。在一个方块的上面放上营火,围着营火放一些告示牌,可以做出一个盒子。"

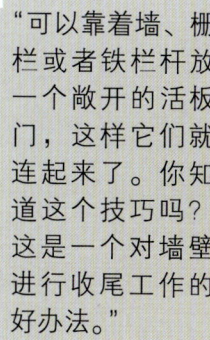

"可以靠着墙、栅栏或者铁栏杆放一个敞开的活板门,这样它们就连起来了。你知道这个技巧吗?这是一个对墙壁进行收尾工作的好办法。"

在建筑完成之前,你可以一直做改动。"我从墙上和房顶上拿走了一些方块,这样建筑就变成露天的了。"

组合建筑

拼接在一起
最简单的建造方式就是把两三个形状拼接在一起。任何形状都可以这么做，只要它们有相互接触的方块。这种简单的方法非常适合建筑新手。

效果
使用蜘蛛网可以创造出独特又有趣的烟囱。

额外空间
这个建筑是把长方体和三棱柱两个基本形状组合起来建成的。另外一个被加到屋顶上的三棱柱形成了壁龛，用来增加额外空间。

主题
搭建这个林地主题建筑的方块是经过认真挑选的。混合使用楼梯、墙和台阶等主要方块，这样在最终的建筑物上会有很棒的分层效果。

外观
对外观进行最后的修饰，让人觉得建筑造型是完整的。

既然你已经了解了方块、主题、形状和装饰，是时候看看它们是如何一起使用的了。学会把它们组合起来，你很快就能创造出你想象中的任何建筑。

融合在一起

你可以创造性地将两种结构融合在一起，重叠的部分可能创造出更多有趣的东西。这是稍加练习就能学会的简单技能，而且一旦你掌握了它，你唯一的限制就只剩想象力了。

照明设备

使用契合你的建筑的照明设备。这个极其现代的基地使用了末地烛和灵魂火把，这样显得周围环境很干净。

圆屋顶

这个屋顶实际上是一个建在圆柱形地基上的半球形。

特殊方块

虽然特殊方块有它们的功能，但是它们仍然可以被用作建筑方块。看看这个建筑是如何使用铁砧、按钮和活塞的。

地形改造

这个建筑是在恶地开始建造的。仔细进行改造后，它已经变成了一个独特的生物群系。

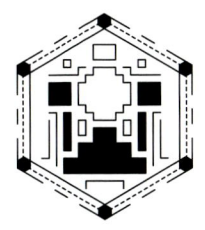

开始建造

    在《我的世界》中,新玩家寻找灵感并开始建造是件困难的事情,所以我们挑选了一些独特的建筑,让你可以在游戏中建造。遵循接下来的操作指南就可以完成这些建筑。你能从中发现一些之前讲到的建筑技巧吗?

    根据你的需求自由调整这些建筑,让它们变成你自己的作品!

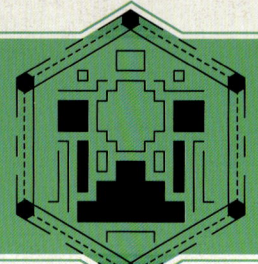

阳光温室

难度：
🕐 30分钟

主要的方块

前面

侧面

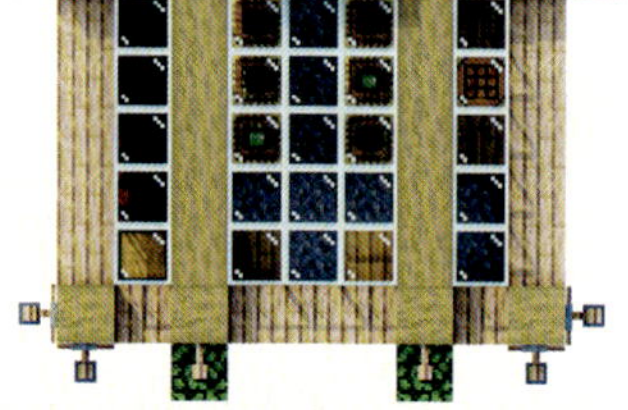

上面

对于任何建筑新手来说，建造简单的长方形建筑都是非常好的一个起点。这个温室使用了一个简单的形状，精心选择的主题令人印象深刻。你知道阳光探测器这个照明设备是如何使这个温室更完美的吗?

1 首先做好温室的地基。混合使用圆石墙和圆石方块会让你的建筑给人留下深刻的印象。

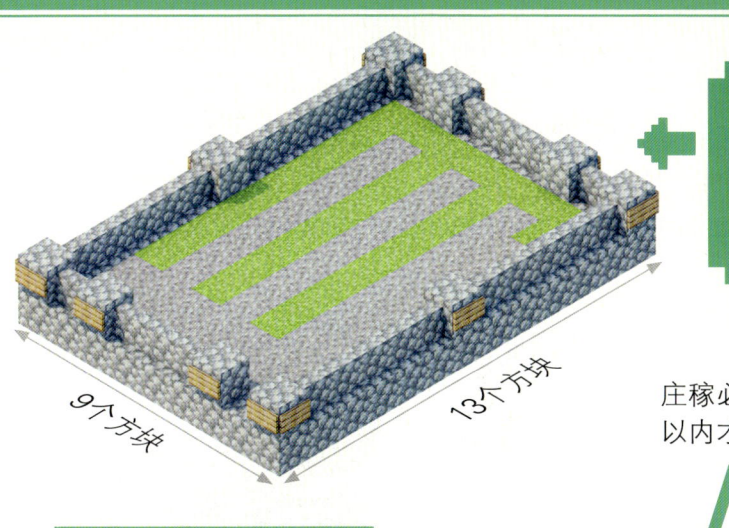

庄稼必须在水周围4格以内才能更好地生长。

2 接下来，沿着侧面的墙放置泥土方块，并用活板门盖住它们。然后加点儿水用于灌溉泥土，让庄稼生长，再加上一些功能型方块和脚手架。

3 当地面那层完成以后，扩展墙壁和入口。如图所示，加若干组去皮云杉木作为支撑柱，每组高3格，并在支撑柱之间填充玻璃板。然后，再添加丛林木活板门、丛林木栅栏和丛林木台阶作为装饰。

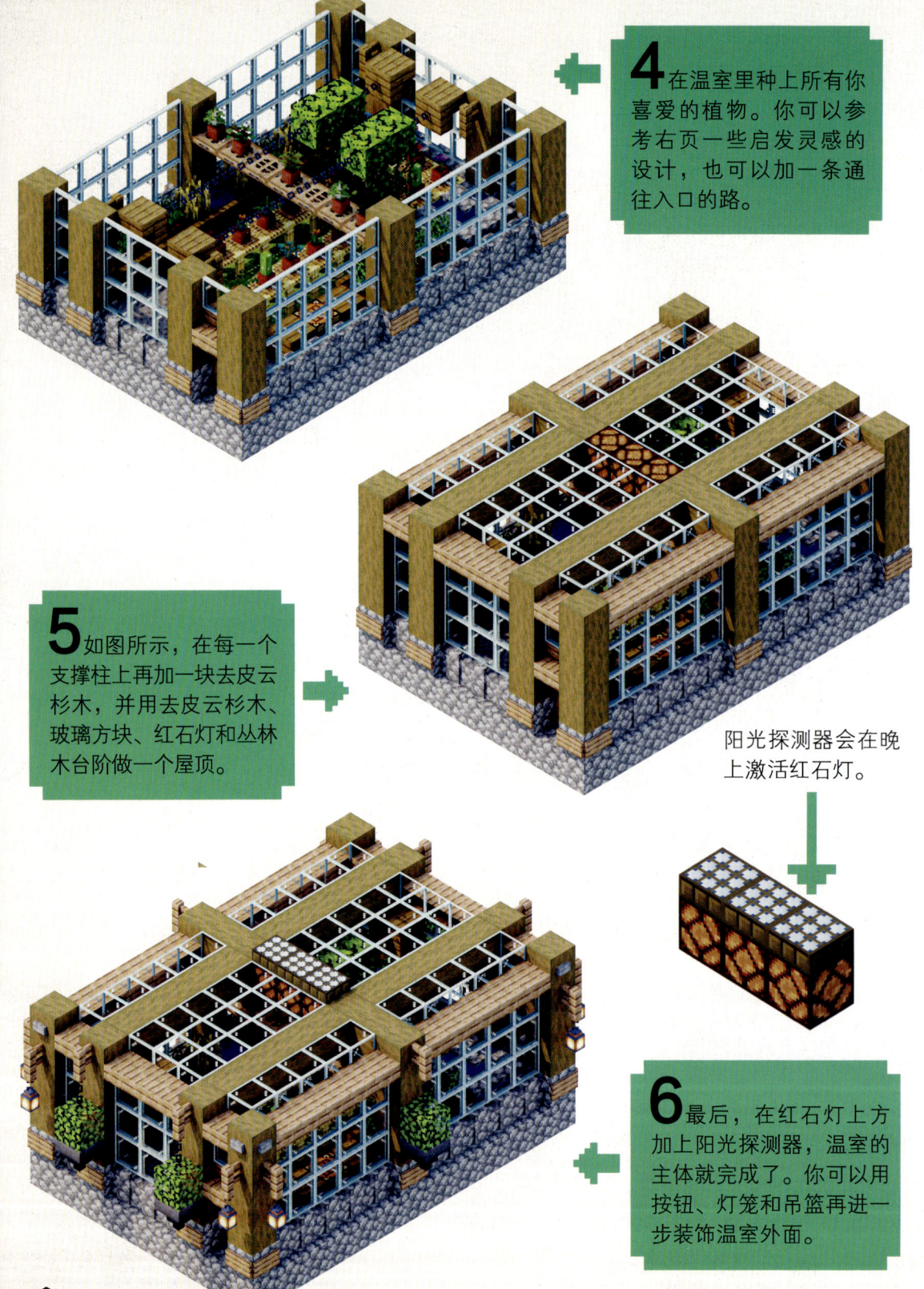

装饰

空中花园
使用树叶和藤蔓做出杂草丛生的效果!

长凳
在长凳上摆满盆栽植物。你有33种植物可以选择!

工作台
确保在附近放一个工作台。周围有这个很方便!

吊篮
使用漏斗做篮子,给建筑的外观加一些绿色植物。

庄稼
种植各种不同的庄稼。用甜菜根做汤很美味。

高处的架子
利用一下高处的储存空间。这些架子可以放更多的花盆。

魔法森林小屋

难度:
⏱ 60分钟

主要的方块

前面 　　　侧面 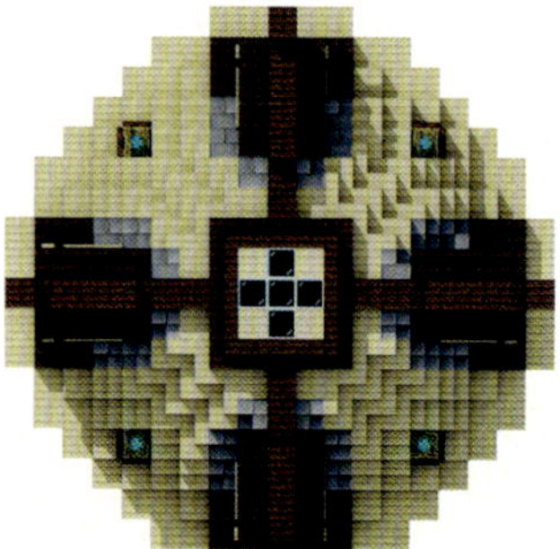　　　上面

选择契合建筑主题的生物群系很重要。这个建筑的主题是魔法森林，有什么生物群系能比诡异森林更奇妙呢？在开始建造之前，花点儿时间看看你能不能认出用来建造小屋的每个基本形状。

1 首先确定一个合适的地点，并为小屋做好地基。你可以用不同的颜色和图样来准备好特定区域，比如用灰色混凝土与白色混凝土标识厨房。

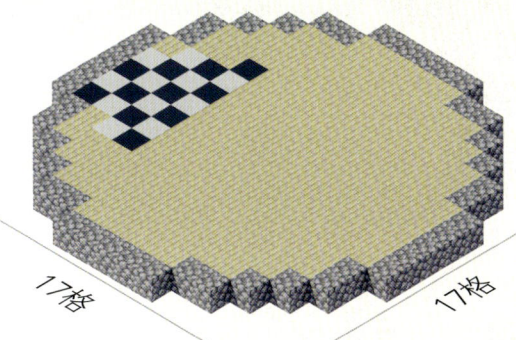

2 沿着地基建造墙壁，留出1扇深色橡木门和3扇玻璃窗户的位置。混合使用圆石和石头的变种来让墙壁与众不同。

3 把去皮白桦木加入可选方块列表，继续建造小屋的墙和窗户。接着，用安山岩、安山岩楼梯和一个錾制石砖在入口上方做一个装饰性的门楣。

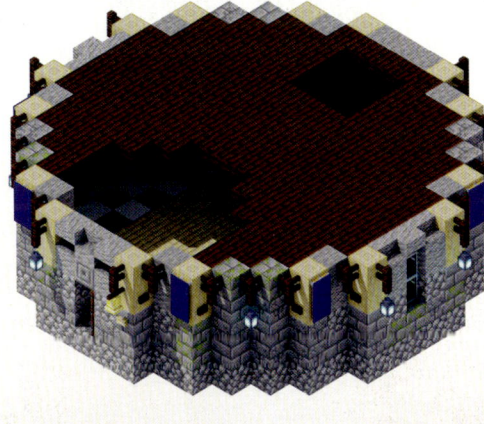

4 如图所示，用深色橡木台阶建造一个平台，并做一个通往平台的白桦木楼梯，留2个大的缺口。接下来，给外部加上照明设备和装饰性的细节。

使用栅栏把灯笼挂起来。钟是增加细节的好方法。

5 把屋顶的轮廓做出来。使用白桦木板和白桦木台阶做出分层的效果。

6 使用白桦木台阶围绕这个建筑做一圈雨篷。当玩家们在雷暴中手忙脚乱地找门钥匙的时候，这个雨篷能为他们遮风挡雨。

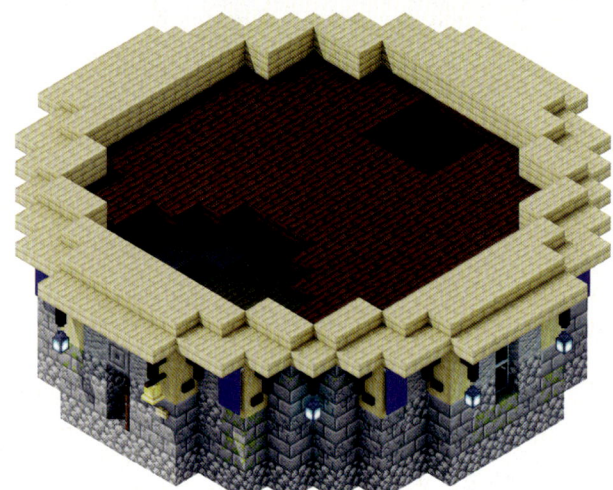

倒置的石砖楼梯会让人感觉小屋更宽敞。

7 加上新种类的方块，和小屋的白桦木屋顶形成对比。这个建筑的特色是使用了干草块和石砖楼梯，因为它们和石砖方块形成了鲜明的对比。参照第12页和第13页的内容，了解更多根据主题选择方块的技巧。

8 在第7步的基础上再添加一圈方块。多出来的方块的高度会给玩家留出站立的空间。

9 再加一圈方块，这一圈距离中心更近，形成穹顶。

10 再加一圈方块，并在中间留一个边长为5格的正方形缺口。

建议

小屋的屋顶像被分成了4部分。翻到第36页来学习更多关于球形的知识，并了解如何建造它们。

11 用一个天窗把屋顶的缺口封起来。在白天的时候，天窗会让房间里充满自然光。接着，使用深色橡木的变种在你的小屋两边各做一个壁龛。

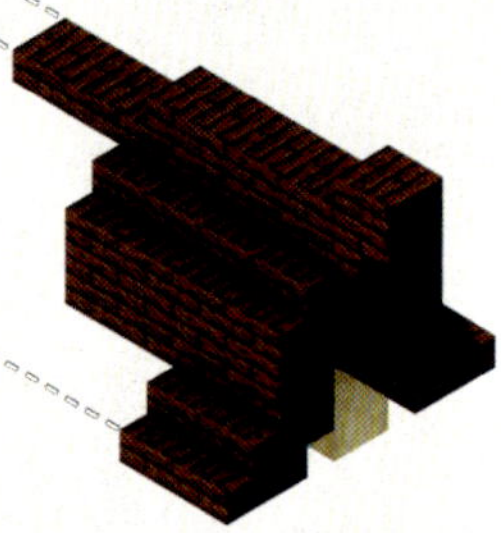

灵魂营火的蓝色光让人们觉得小屋拥有魔力。

12 最后，在建筑的外面做一些修饰。沿着壁龛所在的墙壁放置白桦木台阶和白桦木按钮，它们可以和深色橡木形成对比。使用灵魂营火把小屋照亮。

建议
给建筑加上侧室和壁龛可以让建筑看起来更宽敞。

室内装饰

厨房
在一楼铺了灰色混凝土和白色混凝土的区域创建一个厨房。里面要放一些熔炉用来烹饪食物，并放一些箱子用于储物。

一楼

卧室
在二楼放一张床，用它来设置你的出生点。在箱子里放满有用的物品，这样你就可以在重生后立刻投入行动了。

藤蔓楼梯
这个藤蔓起到了双重作用：它既是通往下一层的楼梯，也是绿色植物。植物是发挥创造力的好东西，而且众所周知，它可以减压！

屏风
虽然栅栏是不错的屏障，但是活板门却更合适。它们占据的空间和栅栏一样，而且能让你自由通过。

二楼

珊瑚家园

难度:

⏱ 50分钟

主要的方块

前面

侧面

上面

在水下建造时会面临"水下呼吸""从房间里把水排空"等一系列的挑战。在创造模式下,这些挑战会简单一些。首先找一片颜色鲜艳的珊瑚礁作为你的基地,然后开始建造吧。

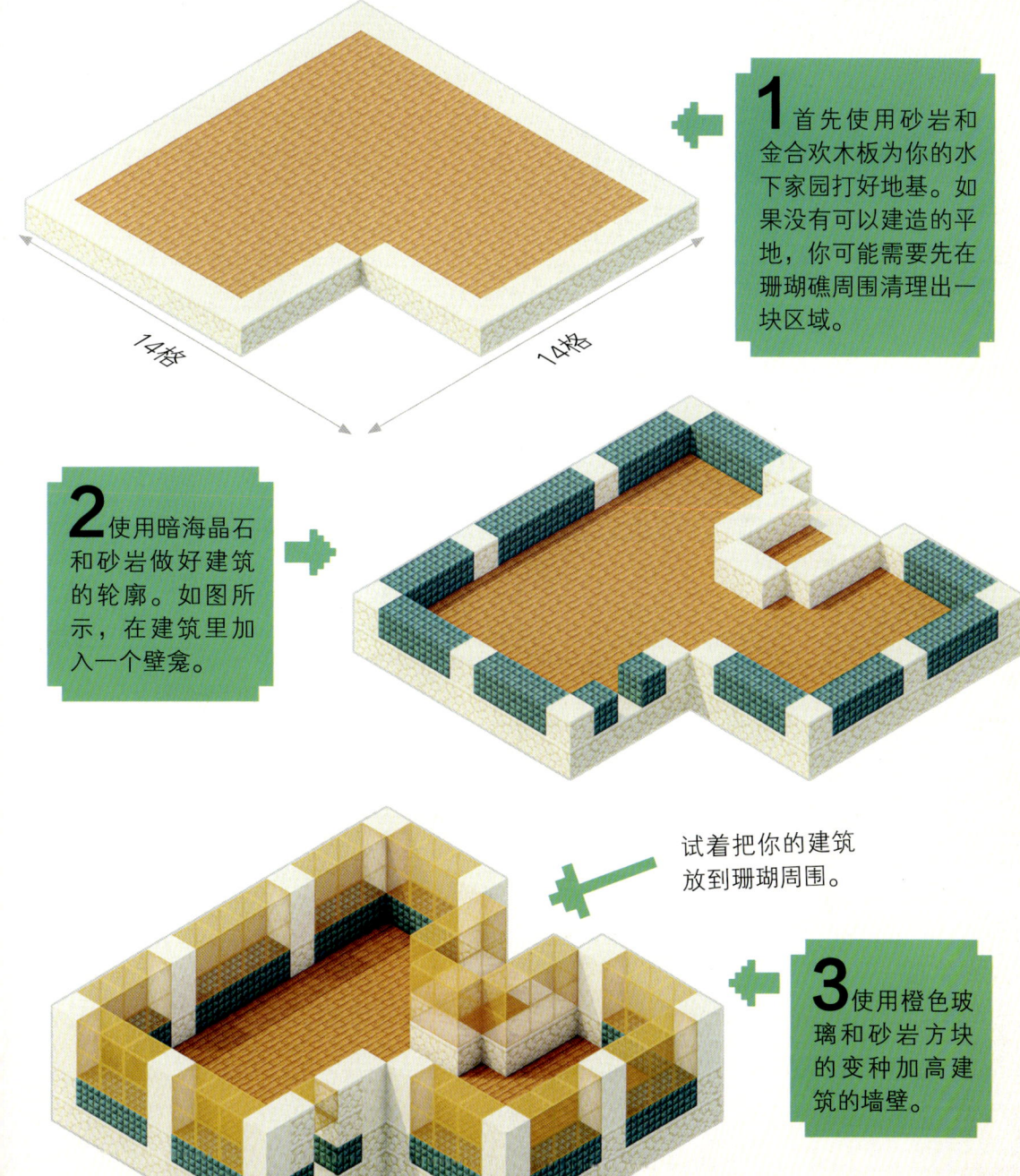

1 首先使用砂岩和金合欢木板为你的水下家园打好地基。如果没有可以建造的平地,你可能需要先在珊瑚礁周围清理出一块区域。

2 使用暗海晶石和砂岩做好建筑的轮廓。如图所示,在建筑里加入一个壁龛。

试着把你的建筑放到珊瑚周围。

3 使用橙色玻璃和砂岩方块的变种加高建筑的墙壁。

4 用楼梯、墙和常见的方块做一些有精美装饰的支撑柱，这样可以装饰建筑的外观。在门口放一扇铁门，门上放一些按钮，门就可以打开、关闭了。

5 用砂岩和橙色玻璃把墙再加高1格。然后如图所示，搭两根横梁建造第二层。

6 用砂岩、金合欢木台阶和荧石把第二层填满。留一个缺口放梯子。荧石会发出亮光，可以烘托气氛。

> **建议**
> 水下非常黑暗。使用夜视药水，你就能看清楚了。

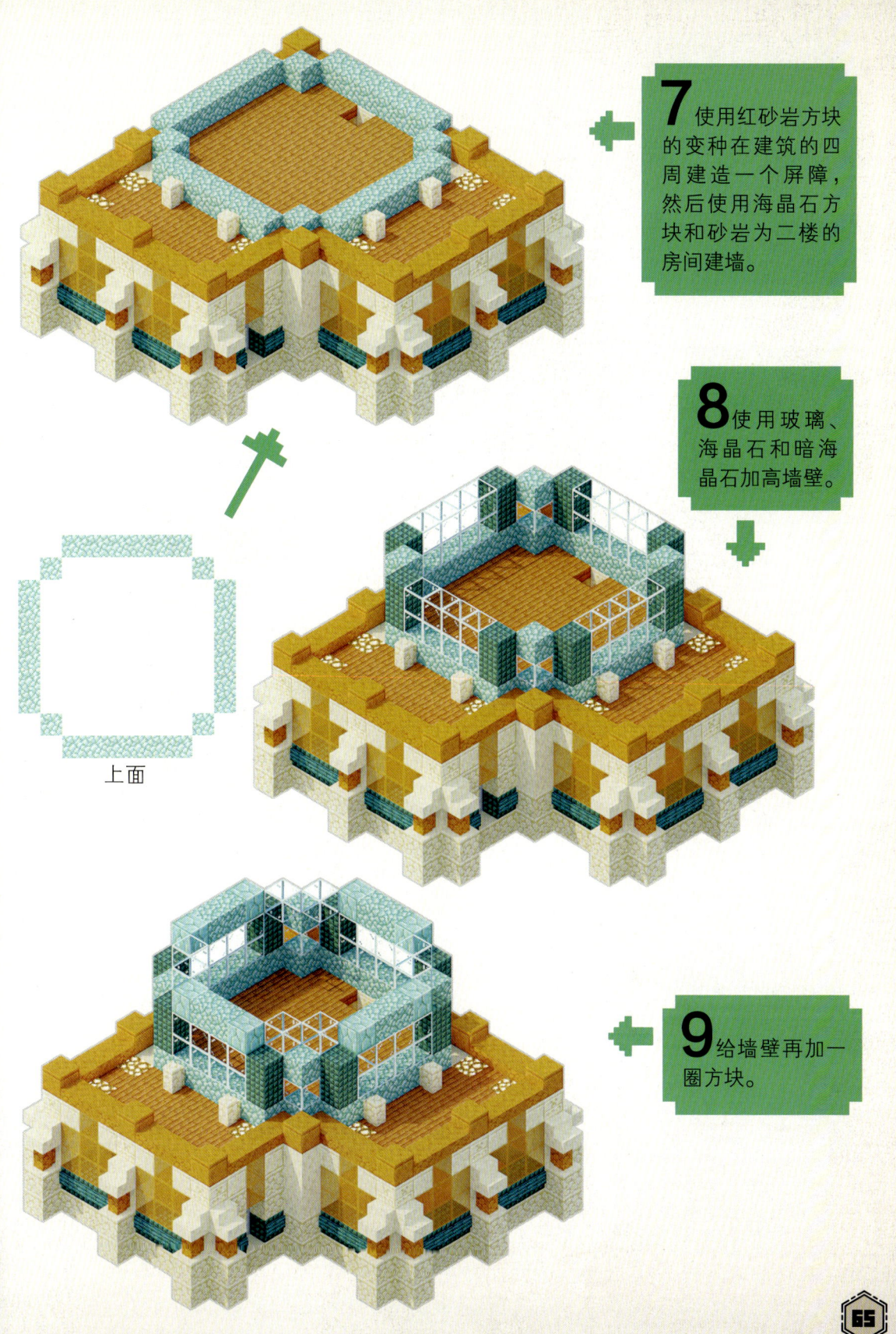

屋顶是圆形的。想了解更多信息？翻到第36页。

10 为这个建筑造一个圆形屋顶。首先，放置一圈玻璃方块。

11 再加一圈玻璃方块，这一圈方块的位置离中心更近1格。

确保在你排水之前，建筑是密不透风的。

12 用更多的玻璃方块把你的圆形屋顶封上。最后，用海绵把建筑里的水吸干，再开始装饰。

室内装饰

双层建筑
在最里面的墙上放上通往二楼的梯子。在放梯子之前，你的建筑应该已经排干水了。

一楼

特定区域
创造性地放置一些方块，划分出特定的区域。黑色地毯和白色地毯可以用来表示厨房。

照明设备
记得给你的建筑加上照明设备。悬挂起来的照明设备既可以有效地增加光源，又不显得拥挤。

二楼

窗户
窗户能让你在入睡时观赏海底。为了营造气氛，可以考虑使用彩色玻璃替代普通玻璃。

装饰

生活空间
生活空间给人温暖舒适的感觉。使用地毯和书架营造家庭气氛，再放一些楼梯做个长凳。

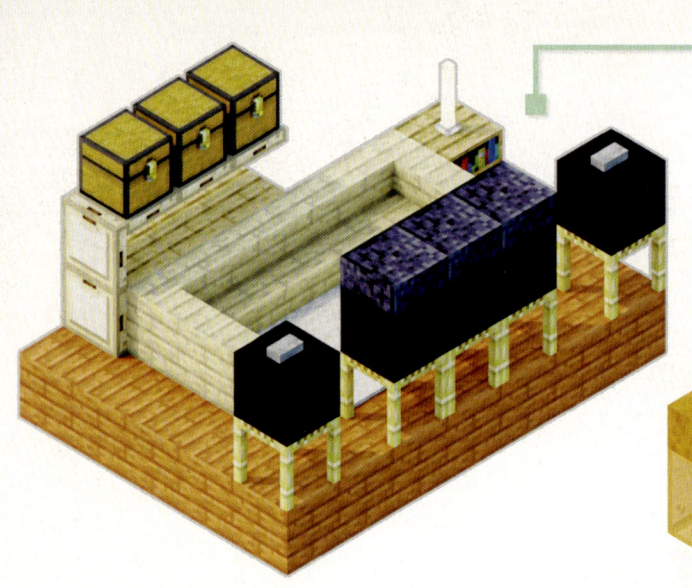

荧石
用荧石给这个建筑物提供简单的光源。

电视柜
熟悉的装饰可以让建筑更完善。你可以添加自家的装饰，比如用脚手架、按钮和方块做一个电视柜。

入口
添加一个气闸室，作为建筑的出入口。小心点儿，不要把一楼淹了。

主卧室
在海浪声中入睡。这个巨大卧室的四面都是窗户，可以欣赏到海洋的全景。

珊瑚花园
用珊瑚把你的小壁龛填满，并加上大量的海泡菜，让它们美丽的颜色装点你的建筑。

盆栽植物
使用丛林木活板门、泥土和蕨做出盆栽植物。这些小型的室内陈设能放进最小的空间里。

铺设地面
使用不同图案给室内空间分区。这些黑色地毯和白色地毯表示这里是厨房。

大师创作谈：技巧

开始建造一个新建筑时，第一步是选择一个主题。这个建筑模仿了中国精美的庙宇，它的屋顶是圆锥形的。"你会注意到我们利用了很多台阶、楼梯，甚至还用了栅栏门。"这些小方块可以给你的建筑带来明显的改变。

一旦主题选好了，下一步就是为这个建筑选好方块。"我们使用了多种不同的方块为墙壁增添色彩——主要用了TNT、白桦原木和白色陶瓦。"早点儿确认选择哪些方块可以保证主题始终不变。

在建筑完成之前，看看还能不能再加更多的小细节。在建筑周围对称地加一些细节——比如按钮和活板门，会让建筑从各个方向看上去都很不错。

开始一个新建筑是很难的。你应该如何开始,从哪里下手呢?

Visionary团队与我们分享了这个精美的建筑和其中的建造技巧。作为一个专业的建筑团队,他们肯定能给你一些建造史诗级建筑的建议!

"使用更薄的方块可以增加相当多的细节。"仔细观察旗帜和花盆是如何让细节更加突出的。

"使用独特的方块,比如酿造台、大门、TNT,甚至是铁砧,来让你的建筑特色更突出!"

考虑使用相同颜色的方块,但是要用不同质感的。看看左边的蓝色方块,它给你的建筑增加了颜色渐变的效果。这个技巧十分有用!

"你注意到下界砖块、圆石台阶、暗海晶石、绿色混凝土粉末和绿色混凝土是怎样完美地结合在一起的了吗?"相当特别的组合,对不对?

未来派基地

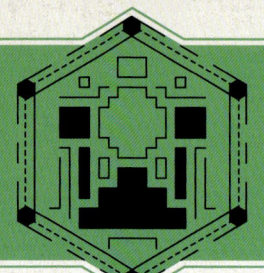

难度:
⏱ 90分钟

主要的方块

前面

侧面

上面

提前做好计划可以极大地帮助你提升成品效果。把光源放置到建筑物的结构里，不仅会创造出独特的光照，而且还能把凌乱的红石线路藏起来。这种隐藏红石的方法非常实用。

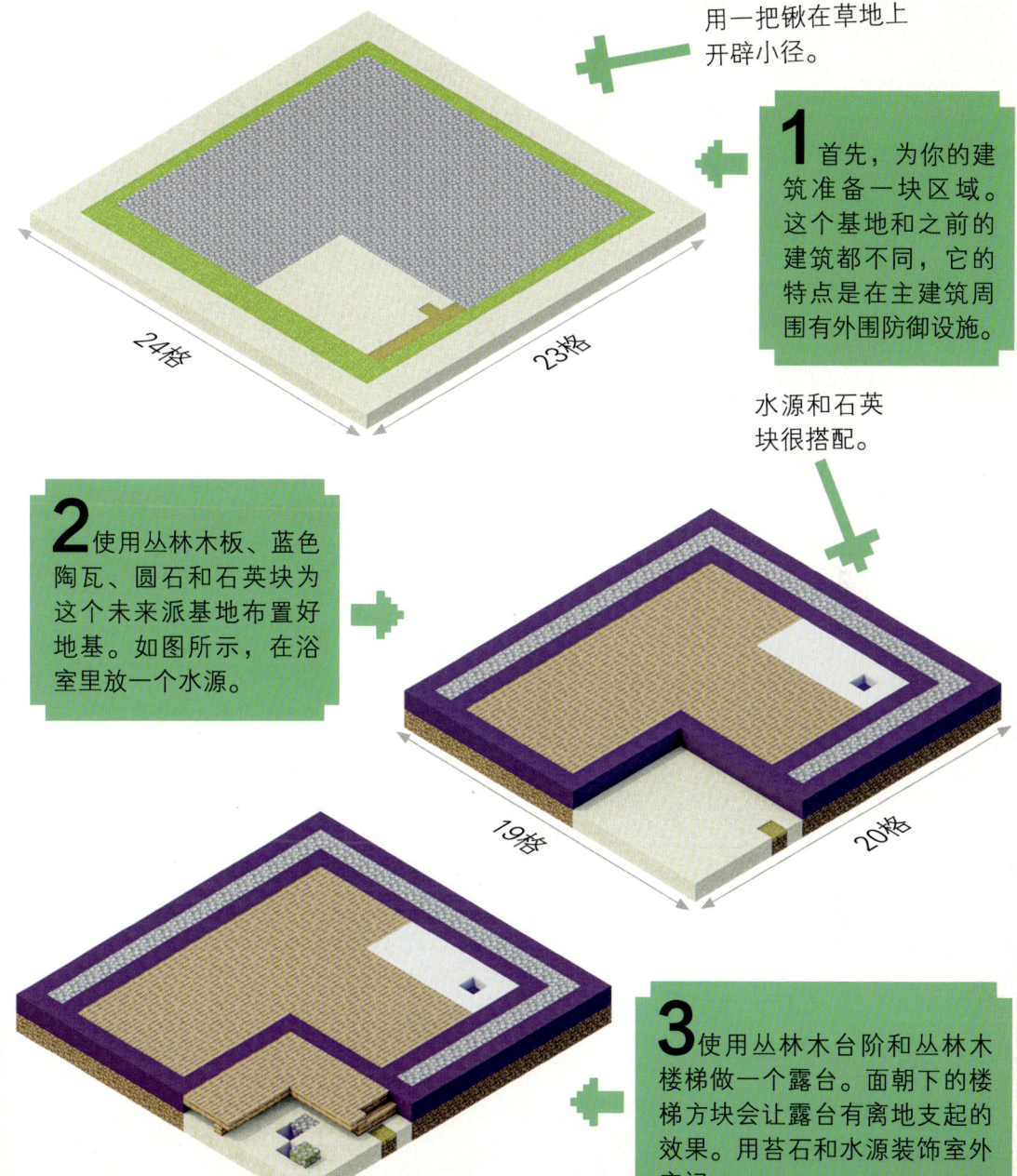

用一把锹在草地上开辟小径。

1 首先，为你的建筑准备一块区域。这个基地和之前的建筑都不同，它的特点是在主建筑周围有外围防御设施。

水源和石英块很搭配。

2 使用丛林木板、蓝色陶瓦、圆石和石英块为这个未来派基地布置好地基。如图所示，在浴室里放一个水源。

3 使用丛林木台阶和丛林木楼梯做一个露台。面朝下的楼梯方块会让露台有离地支起的效果。用苔石和水源装饰室外空间。

4 用蓝色陶瓦和灰色玻璃建造墙壁。为了让红石照明设备正常工作，认真遵循这些操作指南是非常重要的。如图所示，在墙里放置台阶，然后在台阶上面放一个红石粉。

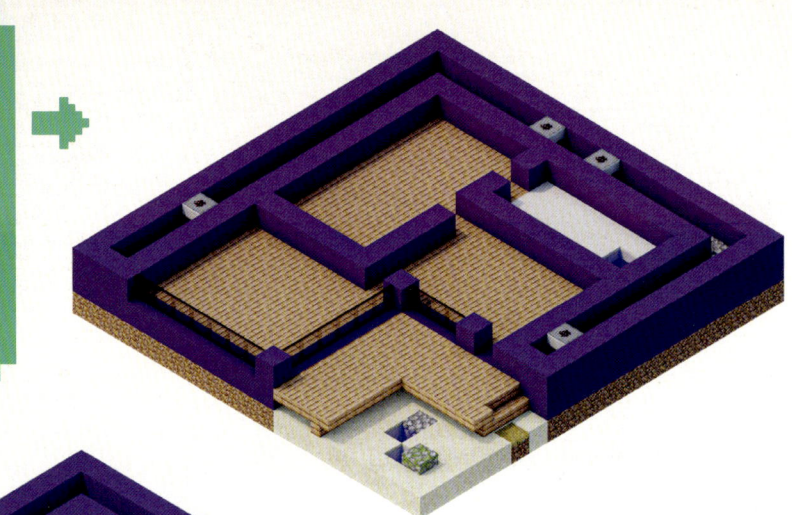

红石阶梯把拉杆连接到了灯上。

5 继续放置一圈方块建造墙壁。如图所示，放上拉杆，然后在每一个红石阶梯上加一个台阶和一个红石粉。

6 使用淡蓝色陶瓦把墙壁再加高一层，并把每个红石阶梯延长。

7 使用淡蓝色陶瓦把墙壁再加高一层，并在灰色玻璃上使用平滑石英楼梯继续建造墙壁。在每一个红石阶梯上再加一个台阶和一个红石粉。

8 然后，使用平滑石英台阶和磨制黑石台阶做一个屋顶，留下缺口。

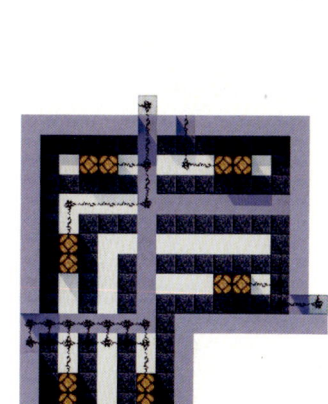

上面

9 是时候加入红石照明系统了！如图所示，再加一圈淡蓝色陶瓦，然后放上红石灯，并用红石粉把它们连接到红石阶梯上。

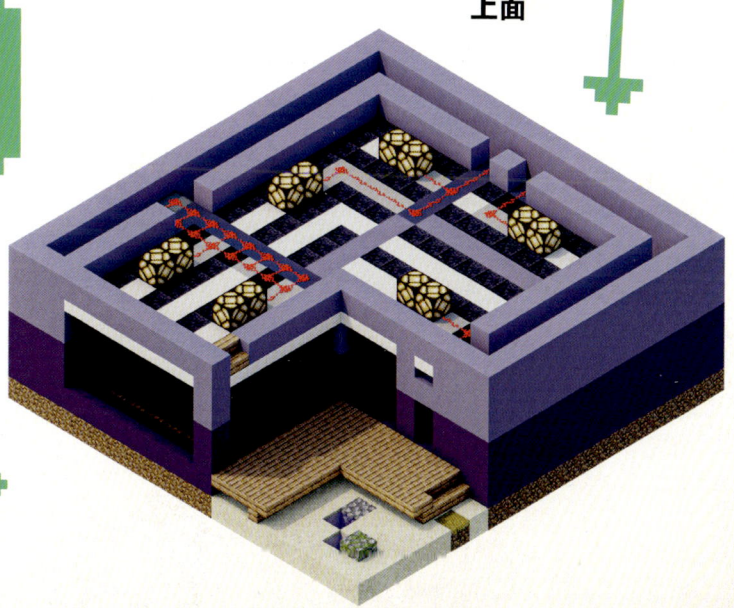

10 接着，把照明系统藏在玻璃和灰化土做成的花园下面。建造一个通往屋顶的丛林木楼梯和一个穿过花园的小径。

11 在花园周围加一圈丛林木栅栏，并放置火把防止怪物生成。然后，使用丛林木活板门为楼梯做一排栏杆。如图所示，加上丛林木按钮。

试试用海泡菜照亮池塘吧！

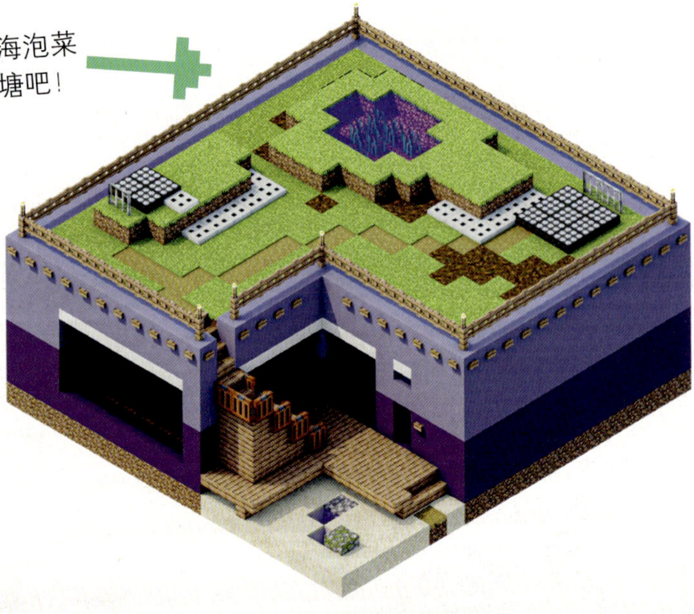

12 用草做一个池塘和一张床，然后装饰花园。你可以翻到第78、79页寻找更多灵感。

13 然后，在屋子周围的泥土里种上树苗和草。接着，在花园里加些叶子作装饰。

你可以使用骨粉让小树苗快速成长。

14 在建筑周围做一些防御设施。使用淡灰色陶瓦和平滑石头台阶围着建筑做一堵墙，并在出入口加一扇铁门和几个按钮。然后，用红石灯和阳光探测器照亮这个基地。

15 最后，加一圈仙人掌，建筑就完成了。放置仙人掌的时候，你可以尽量将它们之间的空隙设为1格，这是为了让偷偷潜入的不速之客吃点儿苦头。

装饰

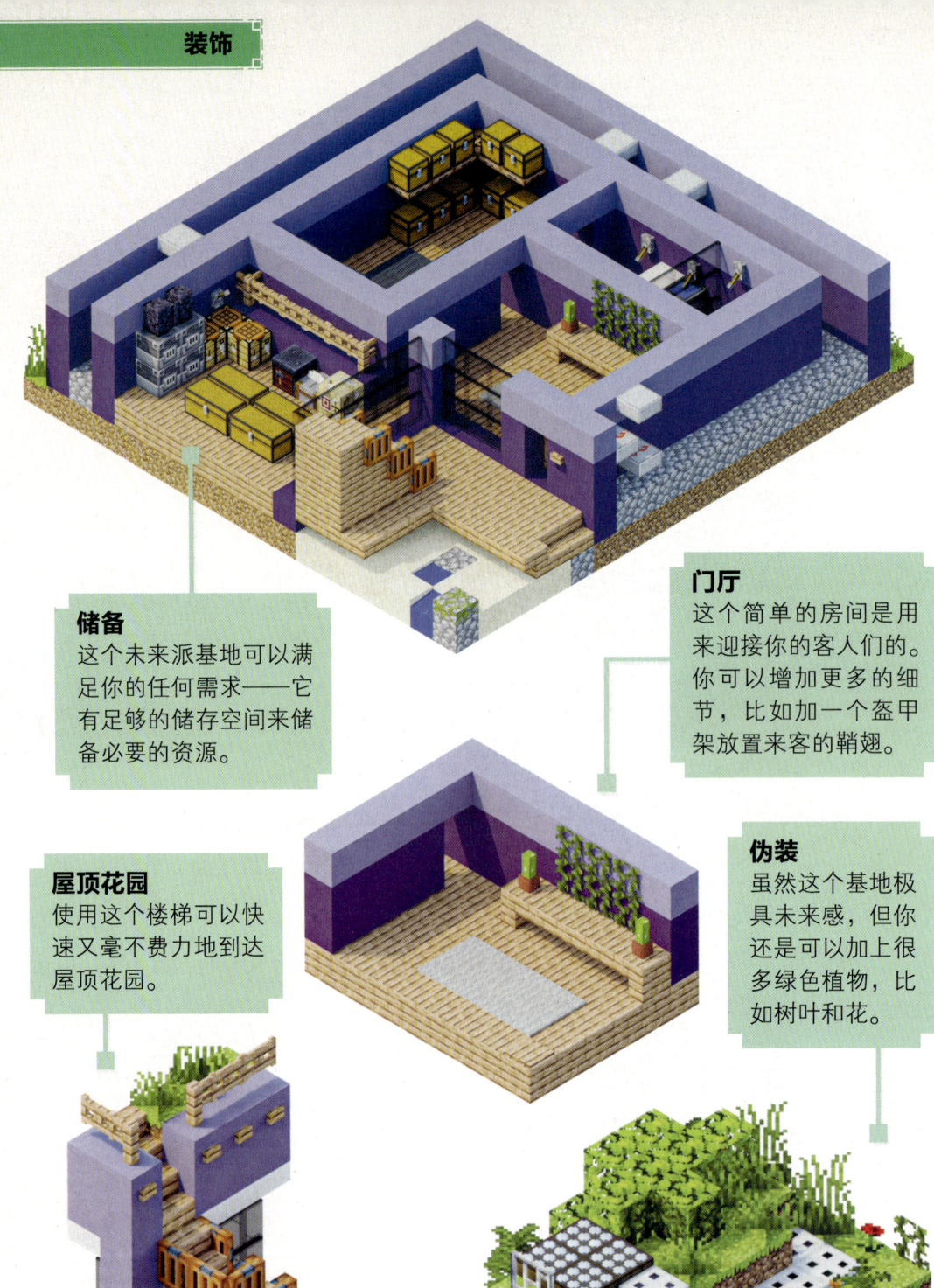

储备
这个未来派基地可以满足你的任何需求——它有足够的储存空间来储备必要的资源。

门厅
这个简单的房间是用来迎接你的客人们的。你可以增加更多的细节，比如加一个盔甲架放置来客的鞘翅。

屋顶花园
使用这个楼梯可以快速又毫不费力地到达屋顶花园。

伪装
虽然这个基地极具未来感，但你还是可以加上很多绿色植物，比如树叶和花。

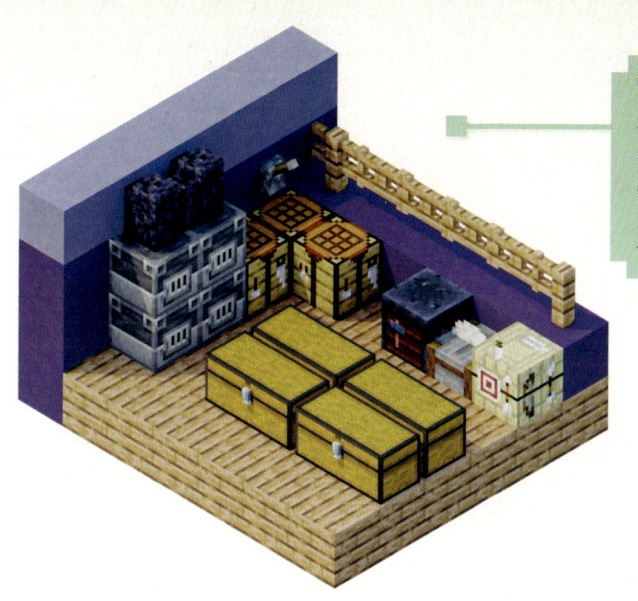

常用方块
把你工作中最常用的方块放到容易拿到的地方，这样你可以一次性地准备好所有的建筑材料。

入口
用仙人掌和一扇铁门保护入口。仙人掌只能放在沙子或者红沙上。

洗手间
放一个水池和一个洗脸盆，洗手间就做好了。

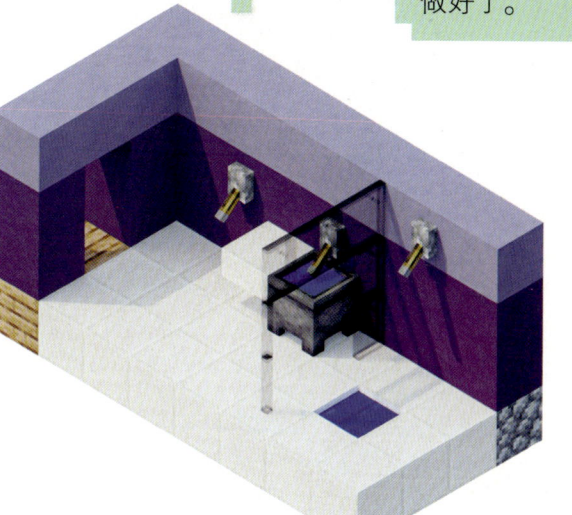

生活空间
多功能房间可以最大化地利用空间，比如这个房间可以烧炼、烹饪和睡觉。

大师创作谈：灵感

　　和很多人一样，我们经常思考如何让这个世界变得更美好。其中一个重要问题是全球变暖。怎样改变这个现状呢？于是，我们决定把二氧化碳的主要来源——工厂，作为我们的灵感。

　　"18世纪末，瓦特改良了蒸汽机。到19世纪50年代，工厂使用蒸汽机作为提高生产效率的一种方法。这个建筑使用了主色调为灰色的石头和圆石做出了厂房。"

　　"如今，我们知道工厂造成的污染可以是致命的，所以我们设计了一个先进的过滤系统。"这个系统将气体控制在红砂岩和花岗岩的管道中，并把多余的热量送到附近居民的家中。

寻找新建筑的灵感很难，所以我们找到了专业的建筑团队Varuna工作室，请他们分享是如何将一个简单的想法发展成一个伟大的建筑的。我们决定出个难题，让他们创造一个能让世界变得更美好的建筑。这是他们的作品。

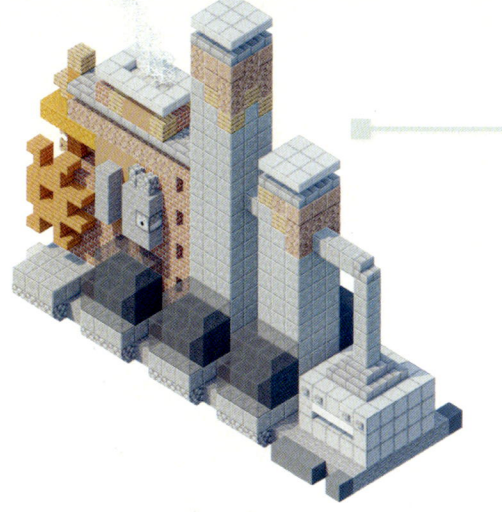

像这样的工厂会产生大量的多余热量。当热气被净化以后，可以通过地下管道转送出去，为附近的房子供暖。这些管道被圆石墙重新加固了，以确保有害气体不会泄漏到环境中。

这个过滤系统是用安山岩和铁质方块建造的。每个厂房进一步过滤气体，这样我们的星球才能保持健康。

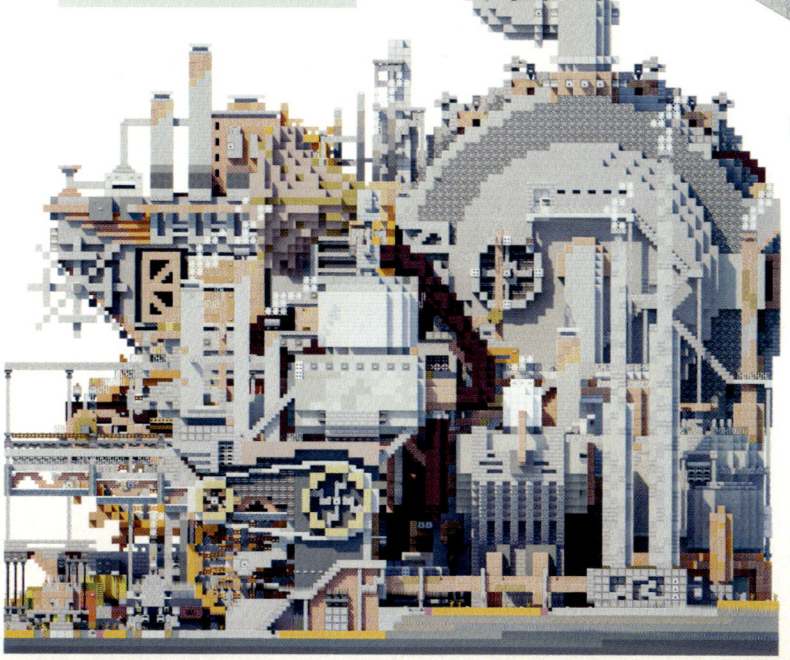

"蒸汽机是靠压缩的蒸汽运行的。如果仔细看，你就会发现热空气从管子里通过，进入金属般的厂房中。"为了做出脏脏的、污迹斑斑的效果，这些管子是用下界砖块做成的。

中世纪庄园

难度：
⏱ 30分钟

主要的方块

前面 　　　侧面 　　　上面

既然你已经完成了一些建筑，是时候进行下一步了。你可以把你的建筑修建成想要的大小，只需要保证它们符合主题就行。让我们看看如何建造一个中世纪庄园吧。当你建造完成以后，看看能不能把它扩展成一个小村庄！

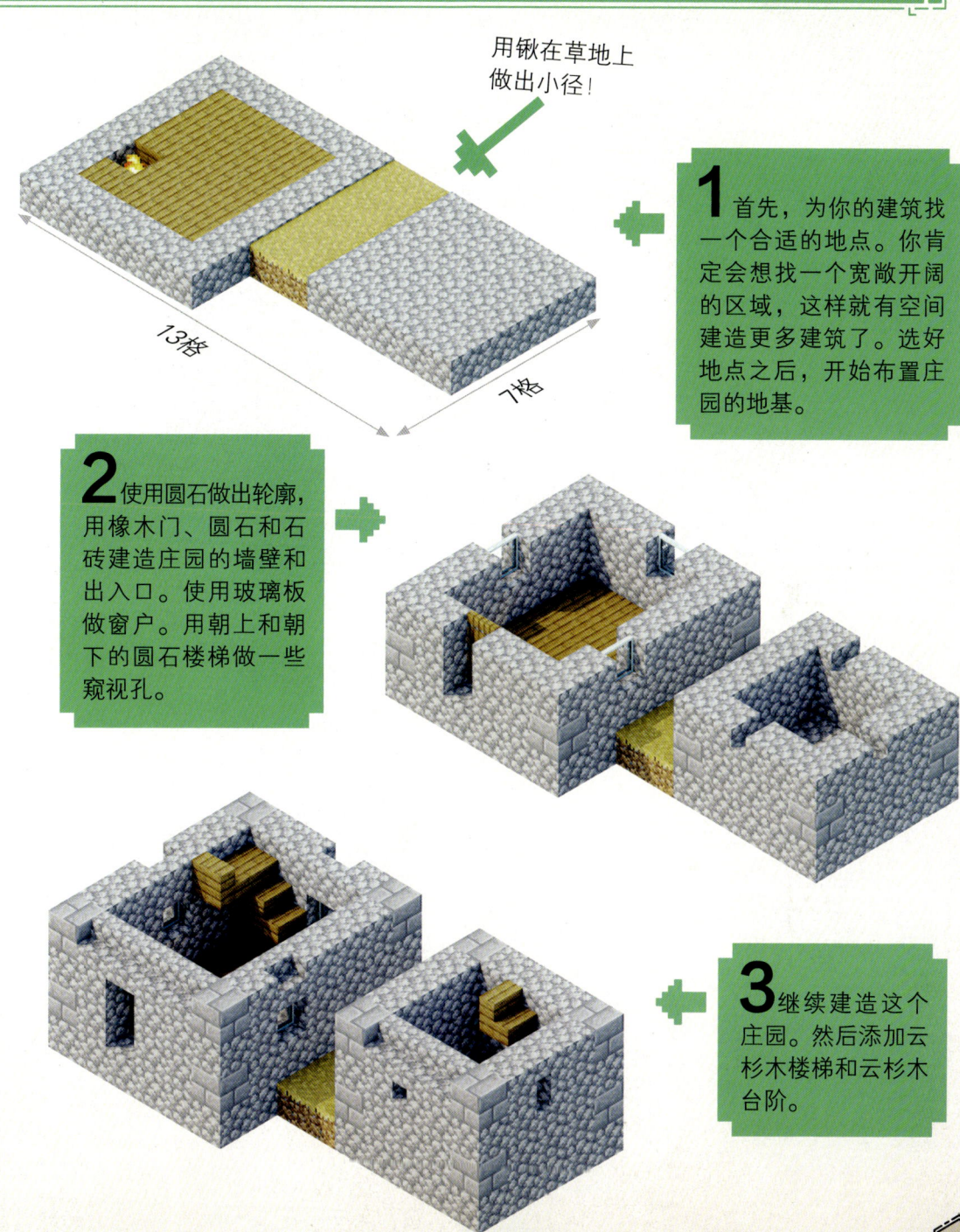

用锹在草地上做出小径！

1 首先，为你的建筑找一个合适的地点。你肯定会想找一个宽敞开阔的区域，这样就有空间建造更多建筑了。选好地点之后，开始布置庄园的地基。

2 使用圆石做出轮廓，用橡木门、圆石和石砖建造庄园的墙壁和出入口。使用玻璃板做窗户。用朝上和朝下的圆石楼梯做一些窥视孔。

3 继续建造这个庄园。然后添加云杉木楼梯和云杉木台阶。

4 接着，在二楼处把两个建筑连在一起。使用云杉木台阶、云杉原木和圆石在楼梯正上方铺一层新的地面。使用按钮和栅栏装饰它。

5 如图所示，混合使用云杉原木和闪长岩把墙壁加高2格，做出半木风格的建筑结构。加上大量的窗户，让阳光充满房间。

6 然后，开始建造屋顶的形状。使用云杉原木和闪长岩把两个屋顶做成三角形。

关于三棱柱的更多信息请看第35页的内容。

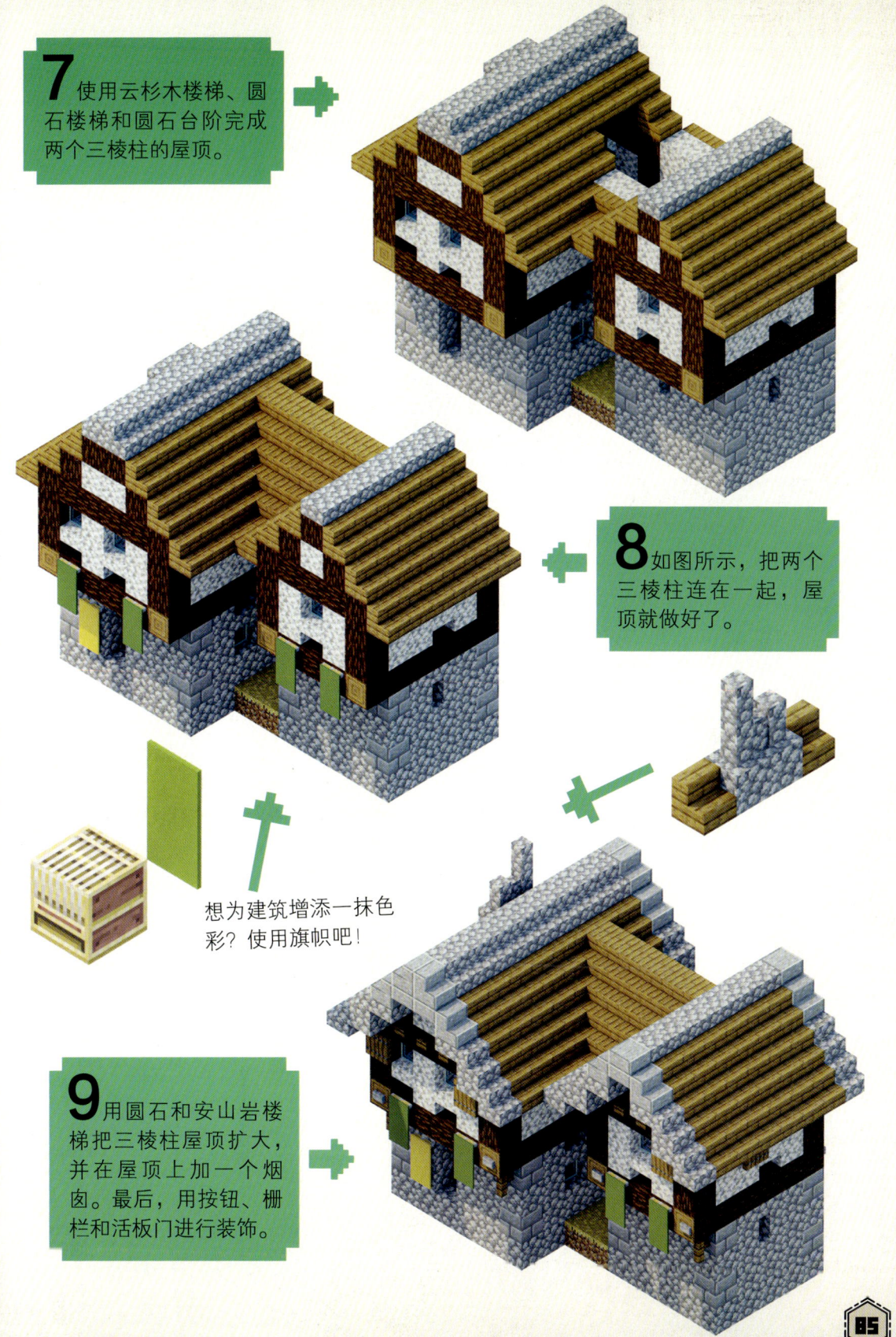

装饰庄园

楼梯
这个超级紧凑的楼梯做起来很快，也很简单，还给你留出了大量的空间放储物的箱子和木桶。

壁炉
这个庄园里有一个漂亮的、燃着的壁炉，还有炖菜的香味，它们让人觉得这里温暖舒适。

储藏室
最大限度地利用楼梯下面的空间，做一个小的储藏室！

一楼

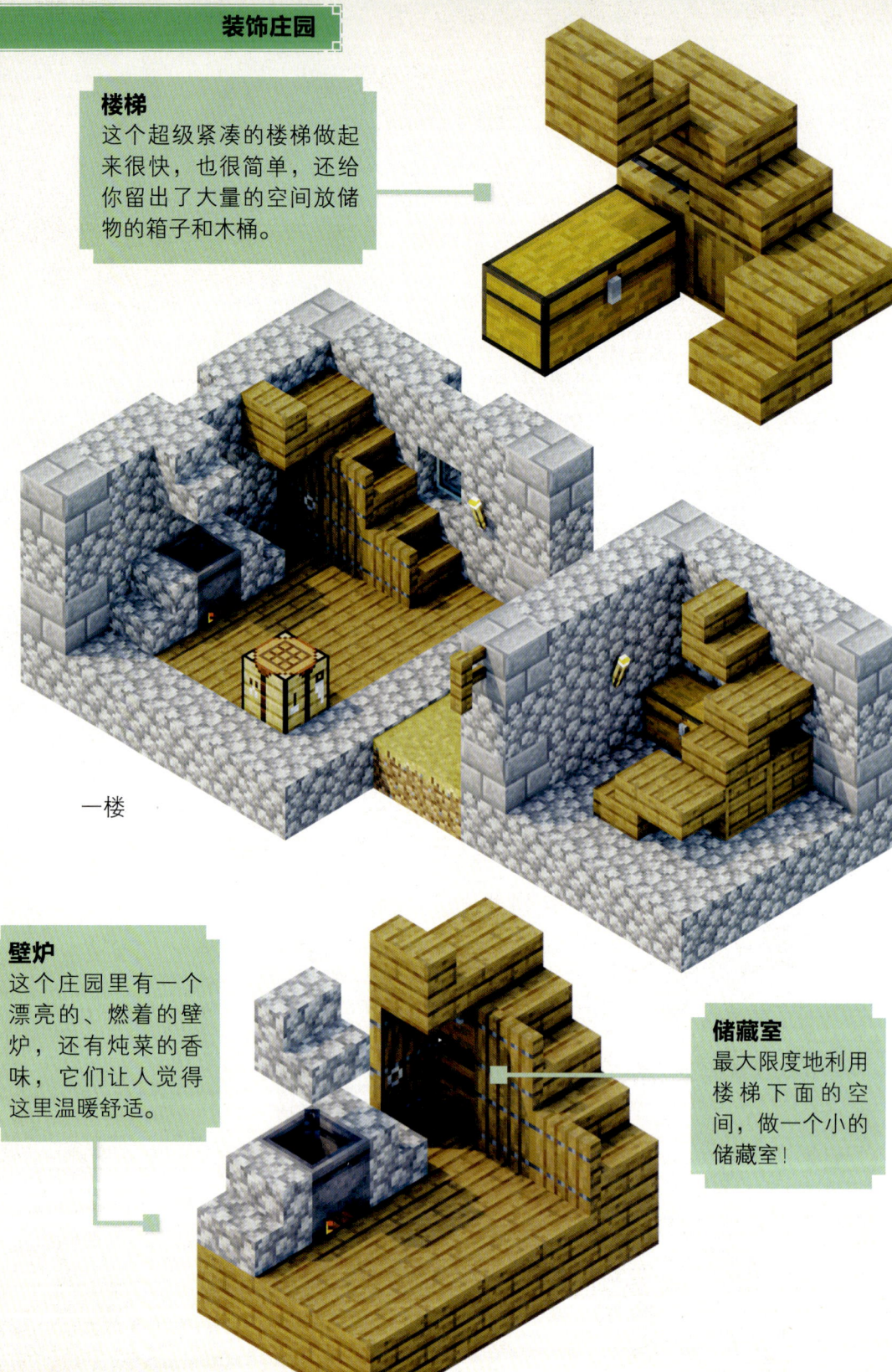

华美的卧室
用一块漂亮的厚地毯、一张双人床和一个床头储物柜让你的卧室尽显皇家气派。

二楼

箭孔
使用两块背对着的楼梯在墙上做一个狭窄的箭孔。

办公室
每位领袖都需要一个办公室!

村庄的布置

当你的庄园建造完成之后，试试把它扩展成一个完整的中世纪村庄。你可以在村庄里加入很多东西：从瞭望塔到市场上的摊位，从马车到桥梁都可以。你会创造什么东西呢？

市场上的摊位
市场是社会繁荣的证明。村民们会拿资源交易有用的物品。

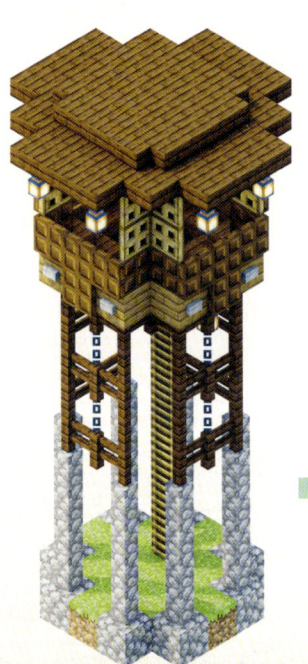

瞭望塔
掠夺者们四处游荡，搜寻可以突袭的村庄，因此慎重的做法是时刻留意危险。瞭望塔可以提供高处的视野，让你注意到远处的危险！

铁匠铺
选择有主题的建筑会让你的小村庄更出彩。铁匠铺就很合适,其他还包括制革厂、制箭所等。

马车
像马车、桥梁、小径和池塘这样的细节可以很好地提高建筑的趣味性。它们非常适合狭小的空间。

水井
在干旱时期,水井是生活的必需品,可以用于灌溉你的农田。

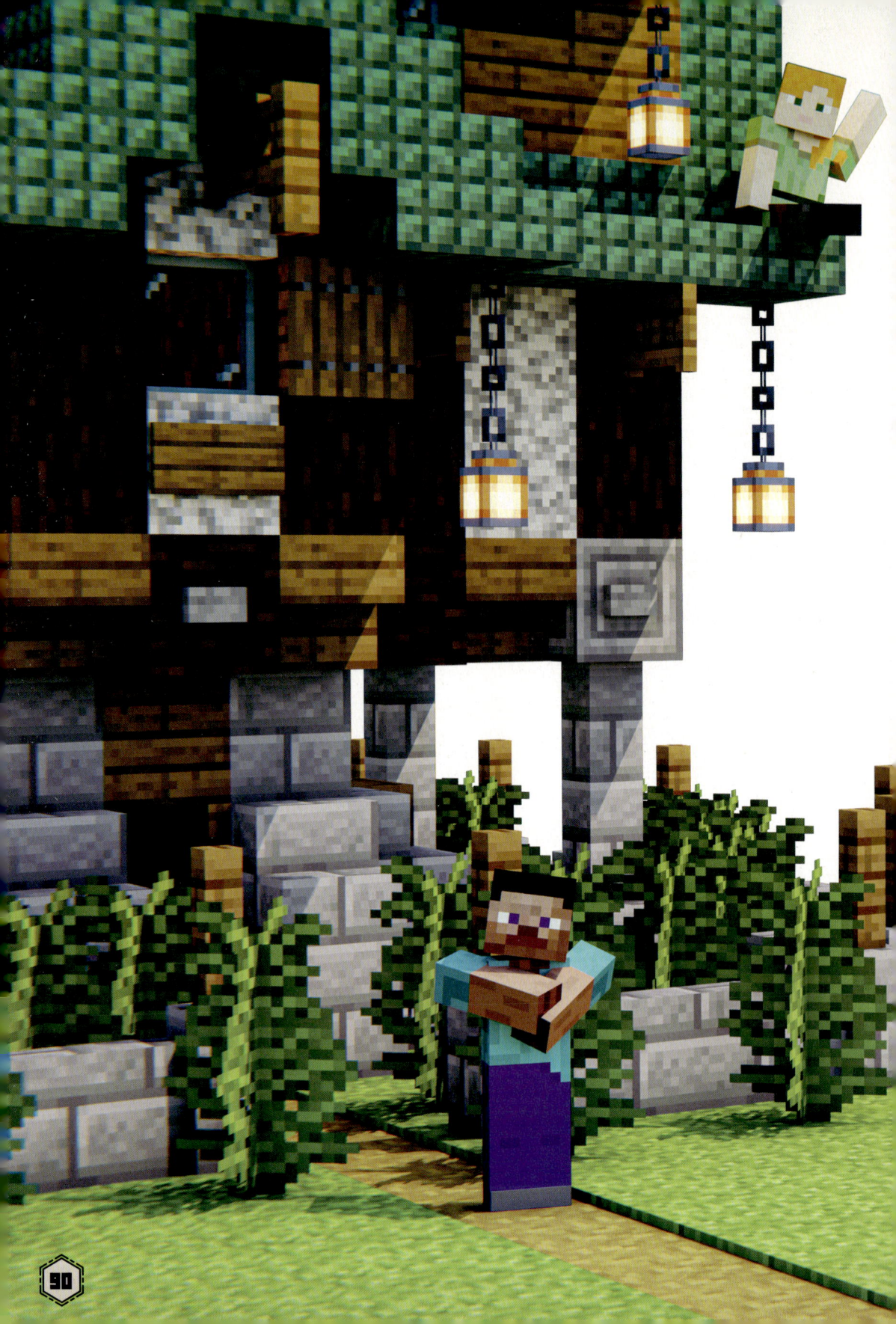

再见

嗯，就这样吧！你已经读到这本书的最后了！我们希望你学会了一些有用的东西，希望你对一些想法和新东西跃跃欲试。但是在你去尝试之前，我们还有最后一课。事实上，或许它是最重要的一课：

不要止步于本书！

建造方法没有对错之分，只要你享受到了乐趣，你做的事情就是正确的。书中的专业知识和建造指南是开始建造的好方法。现在你已经读完了本书，那么之后，就轮到你来使用这些技巧创造伟大的建筑了。

如果你的建筑看上去没有别人的好，也不要气馁——最好的建筑，即使有整个团队，也要花费几个月才能完成，而且他们也都是从第一步开始的。

好了，现在我们真的结束了。你还在等什么呢？发挥你的创造力吧！我们迫不及待地想看看你建造的东西了！